宝安
口述史

（深圳经济特区建立前）

政协深圳市宝安区委员会◎编

中国文史出版社

图书在版编目（CIP）数据

宝安口述史：深圳经济特区建立前 / 政协深圳市宝
安区委员会编 . -- 北京：中国文史出版社，2024.4
ISBN 978-7-5205-4635-5

Ⅰ . ① 宝… Ⅱ . ① 政… Ⅲ . ① 宝安区—地方史 Ⅳ .
① K296.54

中国国家版本馆 CIP 数据核字（2024）第 056250 号

责任编辑：高　贝

出版发行：中国文史出版社

社　　址：北京市海淀区西八里庄路 69 号院　邮编：100142

电　　话：010-81136606　81136602　81136603（发行部）

传　　真：010-81136655

印　　装：北京新华印刷有限公司

经　　销：全国新华书店

开　　本：787mm×1092mm　1/16

印　　张：17.5

字　　数：185 千字

版　　次：2024 年 6 月第 1 版

印　　次：2024 年 6 月第 1 次印刷

定　　价：56.00 元

《宝安口述史（深圳经济特区建立前)》
编委会

序言

时光荏苒，历史的长河奔腾不息，激荡着时代浪花。

回顾来时路，脚下这块风水宝地，曾孕育出"东方明珠"香港和"一夜崛起之城"深圳。宝安，因县境北有宝山，寓"得宝而安"之意，迄今有 1600 多年的历史，被誉为深港文化之源。1979 年宝安县改为深圳市，1980 年深圳经济特区建立，"春天的故事"由此书写。

沐浴天风海雨，承载历史风云。宝安人凭着"敢为天下先"的闯劲，筚路蓝缕、锐意革新，杀出一条血路：引进全国第一家"三来一补"企业、发行新中国第一张股票、诞生全国第一家内地股份制企业、敲响"农地入市"第一槌等等，推动深圳由一个以传统农渔业为主的边陲小镇蜕变为今天的国际大都市，创造了世界工业化、城市化、现代化发展史上的奇迹。当我们追溯"梦想和奇迹开始的地方"，探寻蕴藏在其中的改革创新密码，撬动的却是恢弘年代一个个历史事件的集体记忆。它不仅蕴藏着无数的传奇与故事，也沉淀下无尽的智慧与力量，理应被铭记和传承。

丹心留史迹，执笔著信史。发掘文史资料、弘扬人文精神，以史资政、以文化人、凝聚共识是政协工作的重要内容之一。宝安区政协着力"补史书之缺、辅史学之政"，于2022年启动《宝安口述史》征编工作。我们通过面向社会公开征集、到档案馆查询史料、到组织部门查询干部名单、邀请各方广泛推荐等多渠道挖掘，第一季聚焦1980年8月26日（深圳经济特区建立）之前这一重要历史阶段，精细筛选了原宝安县重大决策或重要历史事件的亲历者、亲闻者20名，由他们讲述那段激荡人心的奋斗故事。从全面"飞播造林"到探路"荔枝经济"，再到创办外贸生产基地、恢复边境小额贸易、扩大过境耕作，宝安率先燃起社会主义市场经济的星火；工业的先行者们，更是在一无所有的基础上，引进"三来一补"，建起了一座座现代化的工厂，开启了宝安工业的新纪元……20篇口述者的亲闻、亲见、亲历，还原了一个激情燃烧、艰苦创业的火红年代的生动图景，他们与那个年代的"拓荒牛"一路披荆斩棘，坚定探索，创造了数不清的奇迹，烙下了不可磨灭的历史印迹。

历史是最好的教科书，也是一部启示录。这些故事，不仅仅是一段段历史的记录，更是一份份精神的传承。它让我们感受到了那个时代的艰辛与不易，也让我们看到了宝安人民不屈不挠、勇往直前的精神风貌。它告诉我们，只有敢于打破常规，敢于尝试新事物、探索新领域，才能不断突破自我、超越自我，走出一条属于自己的发展道路。它激励着我们要有勇气直面困难与挑战，要有智慧去把握机遇与变革。它让我们明白，每一个时代都有其特定的历史使命与责任担当，而我们要做的，就是肩负起这份使命与责任。

从广泛征集到严格筛选，从面对面采访到整理编辑，从初稿到定稿，《宝安口述史》终于与大家见面，每一个环节都凝聚了无数人的心血和汗水。今年是新中国成立75周年，也是人民政协成立75周年。在这个特殊的历史节点，《宝安口述史》第一季征编工作的完成，是历史的见证，城市的史诗，改革的记忆，更是向新中国和人民政协75周年华诞的一份献礼。我们期待，在宝安进军高质量发展的新征途上，每一位口述者的追梦故事都镌刻在这座城市的传奇里，给今人和后来者源源不断的精神动力和梦想伟力，共同书写新时代的辉煌篇章！

编者

2024年5月

目录

方 苞

宝安巨变源于改革开放
为农民脱贫致富当探路先锋

───────── **人物简介** ─────────

方苞，1931 年 12 月出生于东莞；改革开放前任宝安县委书记；1979 年 1 月，宝安县改为深圳市，其任市委副书记；1984 年调任珠海市委书记；后先后担任中共广东省委常委兼秘书长、政法委书记，省人大常委会副主任等职。

口述时间：2023 年 9 月 19 日

口述地点：受访者家中

采　　写：张平照　郑礼军　何冬英

摄　　影：柯振涛

方苞：宝安巨变源于
改革开放为农民脱贫
致富当探路先锋

1974 年，我到宝安上任时，组织给的任务：把生产搞上去，把偷渡降下来。如今这么多年过去了，当年的宝安人，怎么想也想象不到深圳会变成今天这么繁华；新来的深圳人，怎么想也想象不到当年宝安县的旧面貌是怎么样的。

我非常有幸同宝安、深圳的干部群众一道参与了深圳经济特区创建前及初创时期的建设，见证了在深圳这块热土上发生的历史性变革，这段经历深刻难忘。

经济停滞不前致使偷渡风潮屡遏不止

改革开放前，因为贫穷曾出现三次大的群众偷渡潮。1972 年以后，宝安县的偷渡人数增多，成为困扰宝安发展的一个老大难问题。组织上认为我有边防公安工作的经验，又曾在宝安搞过"四清"和担任代理县委书记，任命我为惠阳地委副书记兼宝安县委书记。我于 1974 年元旦过后到宝安上任，地委书记对我寄予厚望：要把生产搞上去，让农民脱贫致富，把偷渡降下来。

到宝安后，省委推广海南屯昌经验，在全省开展"基本路线教育"运动，与农业学大寨运动结合起来。宝安县委借鉴"文革"前"四清"运动解决偷渡问题的经验，通过典型现身说法，开展两个社会对比教育，宣传社会主义优越性，并与发展农业生产，严密边境管理，依法惩处偷渡团伙首要分子、引渡分子结合起来，作为"基本路线教育"运动的重要内容。制止偷渡的综合治理取得初步成效，从 1974 年到 1977 年，偷渡人数明显下降，但未能从根本上解决问题。我在农村蹲点，了解到宝安县人口由于连年偷渡外流，留在村里的劳动力不足 10 万且多是年老体弱者，加上长期实行"三级所有，队为基础"的公社体制，出勤"一窝蜂"，分配平均主义，农民的劳动热情不高，宝安县 40 多万亩水田近 10 万亩抛荒，群众的生活没有大的提高。

1979 年元旦前后，十一届三中全会的春风吹到南粤大地，全省正在酝酿改革开放。这时，谣传容许农民每个月出港探亲；同年 5 月又有谣言说，深圳要开放边境禁区，容许自由出入，5 月 6 日曾经出现两万多人成群结队地沿着公路涌向边境线，伺机越界出境。由于市委采取坚决有力的措施，当天偷渡出境仅有几百人。但事后群众性偷渡却持续不断，宝安县 1979 年偷渡出境约 3 万人。

为什么"文革"前"四清"运动采取的宣传社会主义优越性的做法能够奏效，十年后就不管用了？ 1978 年，我们对深圳河两岸境内外农村十年经济发展变化开展典型对比调查，香港新界与宝安两地农民收入对比为 30 ：1。巨大的经济落差，是偷渡潮再起的一个根本原因。

宝安农民期盼富裕呼唤对外开放

1976 年，我到莲塘、罗芳等边境农村参加劳动，基层干部向我反映边境经济政策问题，还带我到深圳河边看境外的我方耕地抛荒的情况。社员们说，新界农民养鱼养鸡种菜，在香港市场自由销售，一年收入可达二三十万元，我们在境外的农田种水稻，还要运回境内交售公购粮，所得无几，劳动负担比新界农民重，人均年分配只有 100 多元。他们强烈要求开放，发展多种经营，恢复"文革"前的边境经济政策。

1977 年，我到人少地多每年上调粮食征购任务很重的沙井、福永公社的沙田地区调查。公社干部提出，要因地制宜，调整生产方针，改革现行的计划管理体制和耕作制度，恢复基围田养鱼虾的传统，这样有利于发展生产、增加对外贸易收入。我也到大鹏、葵冲、坪山、龙岗等社队蹲点和调研，干部群众告诉我，外流出港的人每月能够赚两三千元，寄个"零头"回乡，父母子女的生活就可以过得较好，出港二三年就能建新楼；而留在村中劳动的人，却替人养老少，替人承担公购粮任务，太不合理了。有些社队不顾上级禁令，偷偷地试行"联产到组到户"。我到这些社队看，社员们劳动积极性高，各项生产任务都提前完成，出现一片生机。这说明公社体制已经到了非改革不可的时候了。我们知道，农民最看重现实，要农民相信社会主义制度优越性，就是要使我们经济发展比香港快，让境内农民的生活水平比新界农民好。

1978 年开展"真理标准问题"的大讨论，年底又召开党的十一届三中全会，实行改革开放。党中央、国务院组织有关部门负责同志或出国考察，或深入基层调研，寻求强国富民的良策。1977—1978 年，财政部、外贸部、国家计委等负责同志先后到宝安调研，我陪同他们到边境社队了解情况，并向他们反映边境偷渡问题和社队干部希望上级批准恢复边境小额贸易的意见，建议把宝安建设成向香港提供鲜活食品的外贸生产基地，他们很赞成我们的看法和建议，答应回京后向中央、国务院领导报告。1978

年初，国务院、省委省政府开始在宝安、珠海建设外贸出口商品生产基地，部分水稻田改为鱼塘基地，发展鲜活农产品供应香港。

深调研打破桎梏　叩开改革开放之门

时任广东省委负责人到宝安调研，对推动改革开放事业发挥了重要作用。1978 年 7 月，广东省委负责人到任才 3 个月，第一次下乡就来宝安。他作风踏实，不做表面文章，刚到就说："我不听汇报，下去看。"我陪同他三天，先后到沙头角、罗芳、莲塘和南头、蛇口等边境沿海社队调研，就如何搞好生产、发展经济、制止非法外流等问题，了解实情，听取基层干部、农民意见，询问被拦截的非法外流人员，并看望民兵英雄、反偷渡积极分子。1979 年 6 月，他第三次到深圳调研，同在党校学习的农村支部书记座谈。他群众观点强，深入基层，能听得进不同意见，了解到真实情况，决策果断。

1978 年 7 月，时任广东省委负责人首次到宝安调研时，走到罗芳过境耕作口隔着铁丝网察看，问我，为何与香港交界的我方辖区有那么多土地丢荒？为何不利用它种菜增加收入？我说，种菜比种粮需要更多劳力，需要早出晚归，边防政策搞得太死，严格规定出入境时间和人数，粮食征购任务又重，稻田面积种不够，就无法完成公余粮任务，只能用边境农田种水稻。虽然香港菜价高，但外贸收购价格低，农民没有积极性。接着，他到沙头角中英街察看，对方商店商品丰富精美，游客过境购物多；我方商品种类少，质量差，商店冷清。他走到中英街尽头，看到一张长桌上放着塑料花、表带等零部件，了解到沙头角镇政府引进境外工厂给农民厂外加工，引进港商在农村办厂、投资挖塘养鱼，不但镇集体有管理费和租金收入，农民每月收入比一年的集体分配还多出一倍，群众再无外流。他问："为何不推广沙头角经验？"我回答，宝安过去曾开展边境小额贸易，"文革"被批"走资本主义道路"，从此禁止。1978 年 4 月，国家计委、外贸部联合工作组到宝安规划建设外贸基地，但有关部门审批手续烦琐，不少引进外资办"三来一补"工业项目审批时间长，有的至今尚未批复，基层干部迫切希望恢复边境民间小额贸易，简化引进"三来一补"项目审批手续。他听了我反馈的情况后表态同意。第二天，我还陪他到福田公社皇岗村、渔农村及蛇口镇渔业第一大队和几个"三来一补"企业调研。

这次调研，时任广东省委负责人耳闻目睹界河两岸经济发展和群众生活的巨大反差，形成了向中央建议设立"加工贸易窗口"的想法。离开宝安前，他同意我们提出的恢复边界小额贸易、扩大过境耕作、调整数万亩水稻田改种蔬菜出口、改进国营外贸公司经营出口若干弊病等建议，并说"说办就办，不要等"。最后他还说，你们有什么具体问题就找刘田夫、王全国同志。

以改革勇气闯出脱贫致富新路

宝安县的改革开放，是从创办外贸生产基地、恢复边境小额贸易、扩大过境耕作和发展"三来一补"企业起步的。

时任广东省委负责人 1978 年到宝安调研后，省委批准 5 万亩稻田改为种菜养鱼，一年后又批准深圳市在保证粮食自给的前提下，可自主决定把粮田改为菜地鱼塘的数量，这是改革以粮为纲和高度集中的计划经济管理体制的一个重大突破。恢复边境贸易后，边境小额贸易与国营外贸部门在购销和出口农产品方面竞争的结果，既推动了外贸管理体制和价格管理体制的改革，又促进了口岸管理的扩大开放，这是又一个重大突破。边境小额贸易和外贸基地的发展，促使我们学习境外现代化农业种养技术和先进管理经验，学习运用价值规律和市场经济规律办事，大大促进了农村的商品生产。农村从包产到户、个体种养经营，迅速走上农业生产的规模化、商品化、产业化、集约化，并向农业现代化迈进的道路，这是第三个重大突破。三个重大突破促进了农业生产力和商品率的迅速提高，大大加快了农民脱贫致富的步伐。以

1979 年，方苞与宝安县委同志到大鹏公社岭坳调研（受访者供图）

1980 年，方苞在深圳龙岗南联村调查研究乡镇企业发展情况（受访者供图）

养鸡业为例，宝安过去是传统的家庭养鸡，年出口活鸡徘徊在 4 万～6 万只。1978 年夏，经请示省领导批准，我们与香港五丰行合作，在莲塘村香港新界的插花地上办起第一个现代化养鸡场，年产 10 万只鸡，并以此作为宝安社队养鸡人员的实习基地。我们当时派 20 名青年农民驻守鸡场饲养，突破了过境耕作必须早出晚归的制度。此后，我们又让每个新办年产 5 万～20 万只的规模鸡场派 20 名养鸡人员，到这个基地实习培训 20 天，学习掌握养鸡技术和管理经验。这样，又突破了过境耕作限于边境农民的制度。这是对外开放早期的两个重要突破。这两个突破带来农业生产的大解放、大发展、大提高。境内规模鸡场很快发展到几十个、几百个，年供港活鸡数从几万只发展到 1000 万只，只用了三到五年时间，不少养鸡户年增收 5 万～10 万元，轰动一时。

我再谈谈通过引进外资，大办"三来一补"企业的情况。

1979 年 8 月国务院下发国发〔1979〕202 号文，明确对来料加工、装配业务简化审批手续，明确创汇地方留成比例，前来洽谈来料加工装配业务的港商络绎不绝，"三来一补"企业如雨后春笋，公路沿线交通便利的农村充分利用祠堂、公社饭堂、大队部改作临时工业厂房，仍然供不应求。到 1983 年，深圳市已引进外资企业 2512 家，其中"三来一补"工业占 82%，大多数分布在宝安农村，加快推进农村工业化、城镇化的步伐。

摸着石头过河解决了几个重大问题

1979 年建立深圳市，撤销宝安县，设立 6 个区。1980 年 8 月，深圳经济特区成立，没有现成经验可学，我们摸着石头过河，较好地解决了几个重大问题，包括确定特区发展方向和特区面积，管好一线和二线，采用多种形式引进外资，在吸引外资时积极开展内联，改革旧的经济管理体制。

关于特区范围的划定当时有过争论。当时有一种意见是整个深圳都划成特区，老宝安干部普遍有此要求。另一种意见是借鉴国外出口加工区做法，主张特区小一点，几平方公里至几十平方公里，他们主要担心面积太大了难以管理，一旦出现群众性走私、偷渡又不能及时控制，特区政策因此会被取消。深圳市领导班子听取了双方的意见和理由，反复酝酿讨论，确定原则是既要充分利用地形，便于加强管理；又要具有相当面积，使特区在一定时间内有较大的发展空间。我们通过现场勘察调研，市委形成了第三个方案，就是背靠梧桐山脉和阳台山脉，面向大鹏湾和深

1980 年秋，方苞在宝安县公明公社水口村田间与农民交谈（受访者供图）

圳湾，东起背仔角隘口，西至南头、西乡两镇交界处，总面积为327.5 平方公里。中央、省委批准了这个方案。

建立深圳经济特区一年后，1981 年撤区恢复宝安县建制。市委先后出台了三个文件：1979 年 3 号《关于发展边防经济若干规定》、1980 年 321 号《深圳市农村实行特殊政策、灵活措施有关问题的暂行规定》和 1981 年 11 号《关于恢复宝安县建制若干政策措施》。三个文件要求宝安农村要"为特区服务、为城市服务、为出口服务"。同时，通过允许特区企业在特区外的宝安、龙岗合作联营，把部分特区政策向非特区辐射，促进特区内外协调发展。

我们执行三个文件遇到最感棘手的问题是解决特区内蔬菜供应问题。1981 年以后，深圳城市人口猛增，特别是 1983 年几万工程兵同时进入深圳。当时旧体制的弊病尚未破解，内外贸收购价差异大，市内与香港市场零售价悬殊，降低了农民种蔬菜的

1986年6月，珠海市相关领导小组来宝安县龙岗镇学习加工贸易发展工业（受访者供图）

积极性。当时无法扭转特区内肉菜供应紧张、菜价飙升的局面。1983年，我们把外贸体制改革与菜价体制改革结合进行。外贸、内贸两个公司合并果菜购销业务，由各自经营改为由果菜公司统一经营，购销价参照香港公开批发价挂牌，根据市场需求5天调整一次，内销的亏损由出口创汇进口家电盈利去弥补，由此大大提升了宝安农民种菜、养猪、养鸡的积极性，促进了附近县区的农产品流通，解决了吃菜难、吃肉难的问题。接着又放开了布匹、百货、家电等价格，百分之七八十的商品价格由市场调节，率先向建立社会主义市场经济体制迈进了一大步，使特区的商品丰富，一片繁荣。

继续前进　全力推动宝安的繁荣发展

1981 年恢复宝安县建制，市委让我再次兼任宝安县委书记，两年内县委搬出特区，新建县城办公。到市里工作的原宝安干部全部回宝安。当时，我在深圳三级干部大会上表态："宝安一天富不起来，我一天不安心，希望组织让我继续留在宝安工作，其间如果去世了，请把我的骨灰埋在楼村和东方村的荔枝树下，为宝安致富尽最后一点力。"

我虽然不是宝安人，但我三次当过宝安县委书记，实际上我也是宝安人了，我对宝安的干部、人民非常有感情，宝安不是故乡胜似故乡。

40 多年过去了，宝安的发展日新月异。我希望宝安的干部要多了解宝安过去的历史，要始终牢记党的嘱托、人民的期盼，坚持解放思想，坚持改革开放，不要满足已取得的成绩，要一如既往地继续努力，全力去推动宝安的发展、宝安的繁荣，让人民更幸福。

大河奔流开新路

历史给我们最好的东西就是它所激起的热情。4个多小时的访谈，92岁的方老激情澎湃，透过一件件历史事件，那段"春雷滚滚"的岁月生动地再现我们眼前。

看似寻常最奇崛，成如容易却艰辛。面对老宝安历史上出现的严峻"偷渡潮"，方苞担负使命，坚持解放思想，他说破题的关键法宝是"调研"。他经常到农村蹲点、劳动和调查研究，过去几十年了，依旧能记得基层干部群众的名字和他们提出的建议。在摸清宝安县贫穷落后的根源及农民呼唤改革开放的期盼后，他亲自撰写有效破解问题的方案，想尽一切办法向上反映情况并获得支持。他大胆探索，推动发展边境小额贸易、推广种养殖业和"三来一补"、改革经济管理体制等等，让农民富裕起来，为特区建设积累了丰富经验。

岁月可以让人白头，但唤醒时代的精神永远朝气蓬勃。让我们向方老等老一辈拓荒牛致敬，继续发扬敢闯敢试、敢为人先、埋头苦干的特区精神，续写更多春天的故事。

李容根

亲历改革开放
见证宝安巨变

人物简介

李容根， 1950年生，广东宝安人。1971年至1975年在宝安外贸总公司工作；1975年至1977年任宝安县布吉公社党委委员；1977年至1983年先后任宝安县平湖公社党委副书记、书记；1983年至1984年任宝安县委常委；1984年5月至1992年2月任宝安县委常委、书记（1990年12月至1992年任深圳市委常委、宝安县委书记）；1993年1月至1995年3月任深圳市委常委、副市长；1995年4月至2000年5月任深圳市委副书记；2000年6月任深圳市政协主席。2001年3月任广东省副省长。2011年3月任广东省人民政府党组成员、省扶贫开发领导小组副组长。

口述时间：2023 年 8 月 30 日

口述地点：受访者家中

采　　写：何一航

摄　　影：刘安邦

李容根：亲历改革开

放　见证宝安巨变

改革开放快速改变了宝安人的精神面貌

我 1975 年从宝安外贸总公司调到宝安布吉公社工作，接着去了平湖公社，在公社一共干了 8 年。后来调到县里工作了 8 年。算起来，我在宝安工作了整整 20 个年头，经历和见证了宝安改革开放前后的巨大变化。

我在公社工作的时候，正好是党的十一届三中全会前后。党的十一届三中全会前，农村发展非常单调，就是"以粮唯一"。公社干部的主要任务，就是驻村、驻队，与群众一起把水稻种好。当时，群众的生活比较艰苦。劳动的时候，生产队长安排干啥就干啥。造成这个现象的原因，是生产队收入单一、分配低，一年大概 100 多块钱。那个时候，家里有点自留地的群众种点菜、家里养几只鸡，只能自己吃。如果养多了拿到市场上卖，就会被视作投机倒把，非常打击生产积极性。

十一届三中全会以后，宝安农村发生了根本性变化。当时，农村开始实行家庭联产承包责任制，群众的生产积极性一下子调动起来。大家除了种好自己的责任田，还积极搞一些副业，种植蔬菜、养鸡养猪到市场上卖。短短一年时间，大家生活就有了很大改善，有一些人年收入可以达到数千元。最关键的是，不管是党员领导干部，还是普通群众，思想认识上都有了非常大的变化。无论是县里，还是公社，都在树立富裕典型，要求党员干部带头致富、带头做万元户，鼓励和引导群众发挥才能、尽快致富，并在 1982 年前后表彰了一批万元户，营造出"谁富谁光荣"的浓厚社会氛围。这是改革开放前不敢想、不敢说，更不敢做的事情，彻底改变了大家的思想观念，也让农村面貌发生了非常大的变化，我们实实在在看到了群众脸上的笑容，大家的心情可以用心花怒放来形容。

因为包产到户，生产队的仓库、会场都腾了出来，让我们有了房子去引进工业企业。刚开始引进的"三来一补"的项目比较小，设备也比较简单，厂房面积要求较小，当时租金价格是每平方米1块钱左右，一个仓库一年下来也有1万～2万块钱，在当时是一笔很高的收入。慢慢地，我们开始引进来料种植，利用空闲田地种植鲜花，并把花卖到香港去。在我的印象里，平湖公社最早的万元户，应该就是种花专业户。

总的来说，改革开放给宝安农村带来的最大变化，主要集中在三个方面：一是政策发生很大变化。从"以粮为纲，全面发展"到"积极发展多种经营"，从"一大二公"到"家庭联产承包责任制"，把生产责任交到了农民手里，使劳动收入同劳动投入和劳动成果紧密联系起来。二是思想观念发生很大变化。人们不再禁锢在贫穷落后的发展观念里，得以把劳动潜能激发出来，向着致富的道路奔腾前进。三是积极性发生很大变化。大家深刻感受到每干一件事都有效果、有效益，生产积极性得到巨大提升，人心更稳、更有干劲，不会再像以前一样"逃港"了。

宝安发展破题做法是取"众家之长"

1983年7月1日，组织上调我到宝安县委工作，任县委常委，分管纪律工作。当时，宝安县城是一片荒地，方苞书记、李广镇

宝安农业两万亩"三高"水产基地（宝安区档案馆供图）

县长带着我们干了很多工作，给宝安发展打下了坚实基础。

1984 年，宝安县委迎来换届，组织上任命我为宝安县委书记。当时，改革开放后的宝安，发展面貌日新月异、形势蒸蒸日上。我作为新中国成立以来第一个宝安本地籍贯的县委书记，深感责任重大。在我冥思苦想、思绪万千的时候，市委常委会召开会议，研究讨论宝安县党代会工作报告，我以县委书记的身份列席了会议。会上，常委们围绕县党代会报告提出了很多重要的意见。在我看来，各位市领导不仅是在讨论报告，更是在讨论宝安未来的工作。当时，市委常委会对宝安的工作提出了几个要求：宝安要充分发挥毗邻香港、紧靠特区的优势，大力引进"三来一补"企业，全力发展工业，同时发展好农业生产，办好蔬菜、水

宝安县工业总公司
（宝安区档案馆供图）

果、水产、畜牧生产基地，为出口服务、为特区服务，把党的十一届三中全会精神落到实处，加快宝安改革开放步伐，推动宝安经济社会快速发展，使宝安人民群众尽快富裕起来。这些工作要求，为宝安发展指明了方向，让我眼前一亮。

在市委常委会会议结束后，我马上返回宝安，第二天就召开了县委常委会会议，传达市委对宝安工作的指导和要求，以市委部署精神统一大家的思想、提高大家的认识。为了让市委部署要求在大家思想上、心里头扎根，经县委常委会研究决定，县四套班子领导分别带队，到宝安中、东、西三个片区开展调查研究，每个公社调研一天，看发展好的典型项目，听当地公社书记工作汇报，听当地大队书记对基层工作的反映，全面总结经验、总结工作、查找问题。在县里调研一周后，我们觉得不能"闭门造车"，县四套班子又启程去佛山、顺德、南海学习乡镇企业发展经验。紧接着，又前往江苏、上海、北京考察学习，既看企业，又开眼界，感受国际大都市的节奏和氛围。考察结束后，我们回到宝安扎扎实实开了几天会，大家交流感受、畅所欲言，为宝安发展出谋划策。

正是在这样大调研、大讨论的基础上，我们开始修改宝安县党代会报告，谋划宝安未来几年的发展。

宝安早期工业园区建设经验源自南岭村

1984 年，宝安各个镇在工业、农业方面都拥有了一定基础，引入了一批企业。但总体上，还比较零星分散、不成规模，没有创造很好的效益，我们认为距离市委的要求还有比较大的差距。

针对这一情况，我们认为，要通过认真做好规划做到有序发展，并提出要发展三条工业带。第一条从当时的布吉沙湾到坪地镇，再从龙岗到坪山镇、葵涌镇、大鹏湾。第二条从当时的布吉镇到观澜镇、龙华镇。第三条从宝安县城到西乡镇、福永镇、沙井镇、松岗镇。

在工业园区的规划、发展、运营方面，我们在全县范围内推广南岭村的发展经验，连片建设工业园区。园区内不仅有成规模、标准化、通用性强的工业厂房"筑巢引凤"，还配套有饭堂、宿舍、球场、娱乐文化场所，每逢过年过节都组织外来务工人员开展文化娱乐活动，也推动了"三来一补"企业快速发展。到1991 年，宝安全县"三来一补"企业厂房面积达到了 1300 多万平方米，工厂总数达到 5200 多个，实际利用外资 17 亿美元，每

巩固和发展"三来一补"企业，大力发展出口加工业（宝安区档案馆供图）

年上交工缴费2.7亿美元，为国家发展、地方发展、农民增收做出了巨大贡献。

当时，在县委的关心指导下，宝安具备条件的"三来一补"企业都成立了党支部、团支部，经常组织各类党建活动、青年活动。企业对外地、本地员工在薪酬待遇、提拔晋升等方面做到一视同仁。外来农民工在宝安打工，不仅收入高，经常寄钱回去，还普遍感觉很开心、有归属感，他们当中也诞生了作家、音乐家、歌唱家，宝安的口碑经由他们口口相传。有段时间，国内甚至流传这样一句话：一人来宝安打工，全家都可以脱贫。时任民政部部长的崔乃夫同志来宝安调研，对宝安"三来一补"企业发展给予了很高评价。他说，宝安通过发展"三来一补"招引内地农民工就业，就是一种务工扶贫。

宝安曾经在罗湖建了个"政务中心"

实际上，为了"三来一补"产业发展，我们在配套工作方面付出了大量心血。首先一个就是交通。宝安县、镇、村三级通过自筹资金把辖区内的几条国道以及主要交通干线改造成了一级公路，一些比较重要的县级公路全部实施了硬底化，村村都通了水泥路，有力支撑了"三来一补"产业发展。

另外一个，我们全力改善投资软环境，为外来投资者提供方便。当时，宝安县在罗湖区建有一栋"新华宾馆"，共有9层楼高。我们把2至4层改建为办事窗口，外贸公司、外贸局、工商局等单位入驻办公，分管副县长现场值守，方便从罗湖口岸往返深港的本地企业家、外商"一站式"办事，也使原来一些手续的办理耗时从几个月缩短为一两天。那栋楼里，我们还摆放了许多宝安招商引资材料供外商翻阅，并安排了专门的车辆。如果外商对宝安感兴趣，马上就有车送他们去现场进行商务考察。同时，我们还大力改善社会治安环境，对有黑社会性质的治安问题，狠狠打击、综合治理，有力震慑了犯罪分子，让广大企业家、外商能够在宝安安心投资、生活，推动了宝安经济社会发展，四大鲜活农产品生产基地效果显著。1991年，宝安年产蔬菜20万吨、水产1.7万吨，年出栏生猪39万头、肉鸡3000多万羽，宝安出品的荔枝等农产品畅销港澳，受到消费者欢迎。

1986年，为了拓展农产品在港销售渠道，宝安在香港投资成立了一家贸易公司——新宝股份有限公司，在香港的上水等区域都设有档口，生意非常好，每天都要从宝安往香港大量补货，也促使我们又成立了一家运输公司。这家公司的名字叫作"国通运输有限公司"，是当时唯一一个通过国家经贸部批准的县级深港跨境运输公司。

20 世纪 60 年代福永人进行农业生产耕作及在水库日夜奋战（宝安区档案馆供图）

20 世纪 80 年代，宝安就对干部提出了学历要求

1983 年，宝安县城区域除了县委县政府的办公楼、宿舍和招待所，其他地方都是一片空地。省、市拨付资金与县级自筹资金，用于办公楼建设尚且捉襟见肘，根本没有财力发展教育和医疗事业。

为了解决这个问题，经县委常委会研究决定，我们用县财政和县城开发土地作为担保，向金融部门贷款用于道路建设、设施建设和土地开发，再用土地出让金偿还贷款。当时，上级有一个调研组来宝安调研，组里一位专家跟我说："贷款建设县城，目前在全国你们宝安算是头一个。"

随着宝安发展不断取得新进展，加强干部队伍建设势在必行。我们在建设宝安县中学的时候，同步启动了宝安党校建设，定期举行干部培训班，不断提高干部素质，并且要求45岁以下的干部要有大专以上文凭，不在规定时间内提升学历、没有达到要求的干部不提拔、不发奖金。

宝安"拆东墙补西墙"

宝安县刚刚恢复建制的时候，教育和医疗欠账很多。

为了推动宝安教育和医疗事业发展，我们想了很多办法。首先是加强对教育工作的领导，要求把教育作为"一把手"工程，

松岗镇工业发展总公司兴建的"嘉上康乐中心"（宝安区档案馆供图）

镇、大队及各级各有关部门"一把手"要亲自抓教育。同时，县财政每年 26% 的资金用于发展教育，这个比例比全国、全省平均水平都要高很多，让宝安教育发展走上了"快车道"。1990 年前后，宝安县里比较漂亮、有一定规模的建筑，几乎都是学校。

学校建起来了，师资队伍又成了一个新问题。那个年代，老师培养很不容易，老师在各个地方都被视作"香饽饽"。宝安自己没有师范院校，我们只好去其他地方的学校"挖教师"。一些老师愿意来宝安，但"老东家"扣住档案不放，我们也给他们按照同级老师的待遇，正常发工资。1985 年，我们通过这种方式给宝安中学"挖"来了 20 多位老师。

一些兄弟县市"忍无可忍"，到省教育厅"告状"，《南方日报》还就此专门发表了一篇文章——《宝安教育"拆东墙补西墙"》，引得当时分管教育的副省长、省教育厅领导都来约谈我们，并到宝安调研，了解到宝安师资的紧张状况，又非常同情我们，要求我们"动员老师返回原单位""对于那些不愿返回原单位的老师，要妥善安置"，算是给我们开了个"口子"，留住了一批优秀教师，有力支撑了宝安教育事业的发展。1989 年，宝安被评为"全省教育工作先进县"，我个人也被评为"全省教育工作先进个人"。

为了推动医疗事业超常规发展，我们也将医疗纳入"一把手"工程，倒逼各个镇、公社想办法建设医院、招聘医护、增购设备。当时，横岗镇自己筹措数百万元资金，给横岗公社医院增添了一台 X 射线计算机断层摄影机（又名"CT 机"）。这应该是全国第一家拥有 CT 机的公社医院。那几年，我们还自筹资金

1200万元，给县里医院购置了一台核磁共振仪，好像也是全国第一台由县级医院购置的核磁共振仪。

医疗发展投入大、周期长，我们集中力量办大事，建成了宝安县人民医院，把龙华人民医院、龙岗人民医院作为区域性医院，并且逐步铺开了中医院、妇幼保健院、防疫站建设，宝安县级医疗体系初步成型。

干工作一定要对历史负责、对人民负责

防洪设施，也是宝安县刚刚成立时的建设重点之一。

1984年，我们请来了广东省水利电力勘测设计院的专家进行勘测与设计。1985年，西海堤建设工程进行公开招标。1987年冬，耗资3000多万元的新西海堤建成投入使用，长度从92公里缩短到72公里，坝高4米，堤面宽8米，可以通行车辆，但为了维护海堤安全，始终不让车辆在堤上通行。投入使用至今，西海堤经受住了多次极端天气考验，证明了设计的科学性与建设的可靠性。

在宝安工作的十多年时间，宝安的重要变化，我都看在眼里、记在心里，一些数据仍是历历在目。1991年，宝安GDP增长到39亿元，比1981年增长了20倍；预算内财政收入达到2.7亿元，比1981年增长了18倍左右。一批宝安企业生产的产品，达到了国外同类厂商水平，被国家确认为进口替代产品。

对我来说，非常荣幸能够亲身参与和推动宝安的发展、见证宝安的巨变，这也是我永远难忘的宝贵回忆。

云淡风清见大潮

忆往昔峥嵘岁月，李容根的讲述始终逻辑缜密、语速均匀、口吻恬淡，仿佛在述说昨日的寻常。这是一种岁月积淀的稳重，更是一份久经考验的从容，为我们打开风起云涌的时光长卷，使人倍感震撼，心情久久不能平静。

越己者，因阻而前，因险而攀。在百端待举的改革开放初期，正是许许多多的奋斗者，顶着风雨上、奔着困难冲，不断在摸索与拼搏中实现自我超越、事业跨越，用汗水换来了各项事业发展，开创了新境界。

越己者，因博而敛，因笃而行。面对辛勤付出换取的丰硕成果，李容根不居功、不自傲，将成就归功于党和人民，对党的培养、人民群众的支持满怀感恩。这是功成不必在我的博大胸襟，更是不忘初心的笃定信念。

李容根今日叙事的云淡风轻，正是改革者、奋斗者精神风貌历久弥新、熠熠生辉的生动注脚。改革事业常青，祖国永远青春。永不停歇、滚滚向前的改革春潮，正在新时代演绎精彩，呼唤当今的年青一代义无反顾地奔向更加壮阔的航程。

彭晋行

从全面"飞播造林"
到探路"荔枝经济"

人物简介

彭晋行，1945 年 10 月出生于广东省陆河县，1970 年中南林学院毕业后分配到宝安工作。1970 年 8 月—1984 年 8 月，历任宝安县大鹏公社技术站技术员、宝安县农林办公室（农业局）技术员、宝安县林业局林业股副股长，深圳市林业局主办科员，深圳市林业局营林科、果树科副科长，宝安县委办公室副科长，深圳市华宝公司办公室副主任、副总经理。1984 年 8 月后，任宝安县委常委、宝安区委组织部部长、区政协筹备组组长。1996 年 7 月后，任宝安区政协主席。2005 年 12 月离任。

口述时间：2023 年 3 月 14 日

口述地点：宝安区上川一路老干部活动中心

采　　写：何冬英

摄　　影：邢峻豪

彭晋行：从全面"飞播造林"到探路"荔枝经济"

我来到宝安已经 50 多年了，亲身参与和见证了这里发生的翻天覆地的变化。特别是在深圳经济特区建立以前，那段黎明破晓前，人们期待曙光初绽的难忘岁月。现在每当看到宝安郁郁葱葱的树木和挂满枝头的荔枝，我的内心就会觉得很自豪，因为当初的"飞播造林"和果场建设，我都有出过一份力。

怀着一颗红心来到宝安工作

1945 年，我出生在广东陆河县。1970 年，从广州中南林学院毕业。那个年代，大学毕业工作还是由组织分配的，大学生们都满怀热情，响应号召"到最艰苦的地方去，到祖国最需要的地方去"。我还记得广州中南林学院革委会毕业分配办公室给我们发了一张"最高指示"，上面明确写着"我们提倡知识分子到群众中去，到工厂去，到农村去，主要是到农村去。越是困难的地方越是要去"。

那年和我一起分配到宝安的有 60 多个人。那时，宝安县是"政治边防"区域，并不是谁都可以来这里工作的。很多宝安本地人特别是有港澳亲戚关系的，都被分配到内地工作，少有人能分配回来。我那时是学校的团支部书记，也是党组织培养的对象，可谓是"根正苗红"，所以才能被分配到宝安工作。前一天学校刚宣布分配的情况，第二天就把边防证、行政介绍信和火车票交到我的手上。我经常和人开玩笑说，"那时真的是怀着一颗红心就来到了宝安"。

按照分配原计划，我是到教育战线报到的，当一名老师。但到了宝安县后，这里刚好开展造林绿化工作，需要林业生产技术人员，组织上便把我的档案调到农林水战线，分配我到大鹏公社技术站当一名技术员。

刚到宝安县的第一天，我就傻眼了，第一感觉是"这里好穷啊"，看着和内地的一些农村差不多。20世纪六七十年代，宝安县农民生活非常艰苦，在东片一些经济落后的村，村民一个劳动日的收入只有8分钱。有些人在香港和海外有亲戚，于是靠外面的亲戚寄点吃的、用的和生活费回来接济。年轻人上了几年学后就往外跑，跑到香港去谋生，劳动力严重短缺，稻田里的稻子成熟了都没人收割。大鹏公社是当时宝安县经济最不好的一个公社，公社的工农业生产值还不如外汇来得多。那时的交通也很不便利，大鹏一天只通两班车，我去报到那天，从深圳镇坐车到大鹏叠福坳山坡时，车突然熄火坏掉了，我们只好下来推车，到达目的地时，天都已经黑了。

我到大鹏第一年月工资只有47块钱，多年后转正涨到56.5块，这在当时已经算很高的。除了伙食费，其他钱我基本都寄回给家里，因为家里也很穷。我一个月的粮食是30斤大米，一天三顿感觉不管怎么分配都是吃不饱的。

爬遍大小高山铺开"飞播造林"

那个年代，宝安县的落后与穷困，通过一个个山坡也能看出来。因为之前"大跃进"时期大炼钢铁，加上农民盖房砌墙、生火做饭都要用林木，山上的树木几乎被砍光了，到处的山头都是

1974 年，飞播造林期间，彭晋行（二排左一）和同事们在梅花尖山顶勘察播区情况（受访者供图）

光秃秃的。

1972 年 4 月，我被调到宝安县农林办公室（农业局）当技术员。那时，内地开始搞飞机造林，看着宝安那些光秃秃的山坡，我们也想尝试荒山绿化这项工作。但当时宝安是"政治边防"区域，上面不敢让飞机来播种。我们就向上级打申请报告，从地区到省，一级级申请，最后终于得到总参的批准。

第一次飞播造林是 1974 年，第二次是 1976 年，正是我在宝安县林业局林业股担任副股长期间。上面批准后，我们就进行前期规划。设计飞机播种区域要根据地形情况，一般是在一个长方形并且面积够大的区域内，这样飞机可以来回飞上几个架次播种，播区播带走向应该与主山脊基本平行，正东或正西都不行，因为要确保播种质量和飞行安全。为了精准进行勘查、测量，打桩定航标点，我们几乎爬遍了宝安所有的高山，比如塘朗山、梧桐山、排牙山、七娘山、田头山、梅花尖等。有次我们去大鹏七娘山测量，到山顶时天都快黑了，差点在山上过夜。设计完了，我们还会坐上飞机试飞，引导飞行员熟悉各个播区的情况。坐的飞机是安-2型，有两个翅膀的那种，内地经常用于农药喷洒。

有一次，我同宝安县林业局局长一起坐上飞机去勘察播区情况，发生了一件很搞笑的事情，那个飞行员不知道深圳有多大，以为上水也是深圳，飞行过程中没太注意深圳的边界，到深圳河边时差点飞到香港的上水去了，还好局长赶紧叫飞行员掉头飞回来。

正式飞播的时候，我们申请广州军区派了七八十个部队的解放军战士，背着报话机来帮忙。飞机的航线是提前设计好的，在飞播区域内的山上，每50米左右就设一个桩作为航标点，每个桩对准位置。解放军战士和信号员到达一个点时就挥旗示意飞播操作，一个点指挥结束又赶紧到下一个点挥旗示意，飞机就这样在播区来回飞，指挥是通过报话员来完成。播的树种主要是马尾松和台湾相思树两类，其中台湾相思树的种子得提前一天用七八十摄氏度的水泡发，这样播下去才能正常发芽。

飞播场面很热闹，当时飞机飞过梧桐山的时候，看到我们这边的飞机起飞，香港那边的飞机也起飞了，以为有什么异常情况，还听到报务员在讲"发现敌情，发现敌情"，搞得好紧张的样子。所以说，在"政治边防"地区要做成一件事是不容易的。直到深圳建市以后，我们又连续进行了好几次"飞播造林"，深圳现在高山上郁郁葱葱的树木，大部分都是那个时候用飞机播种的。

那个时期，我还参与了一项重要工作，就是协调处理山界林权纠纷。以前，是由国家规划兴办国有林场来绿化荒山的。当时的深圳林场、罗田林场都是国有林场，20世纪70年代初，也都牵涉到因为山林边界问题与附近的大队、生产队发生争执，真是"荒山野岭无人耕，树木长大人人争"。县里就专门成立了山界林权纠纷处理小组，我也参加了相关工作，其间经常吃住都在基层，天天去林场，翻山越岭测量边界线，做好图示和立界标，帮助他们协商划清界限，处理矛盾。当时布吉公社山厦大队与观澜公社牛湖大队君子布片的山林矛盾，还有深圳林场、罗田林场的一些林界纠纷，我都有参与解决。

走遍山坑角落指导果场建设

1978年，党的十一届三中全会提出以经济建设为中心，实行改革开放，宝安的发展也进入一个新的阶段。要如何改变农民的生活状态？中央开始计划发挥宝安靠近香港的优势建设宝安、发展经济，给的政策是减少农田耕种面积，大力发展种养业，办养鸡、畜牧、水产、蔬菜、水果等基地，把宝安列为"鲜活商品生产基地"。

从1978年到1979年，宝安一共兴办了132个果场，各个大队、生产队都一窝蜂办果场、种水果。1979年深圳建市后，市林业局起初只有营林科和政工科。我先是在营林科任副科长，后

1979 年，彭晋行（后排左二）带着几名技术员到重庆北碚中国柑桔研究所学习（受访者供图）

来因建设果场需要，新组建了果树科，组织把我调去当果树科科长，带着技术员黄壮立、陈礼智和业务员陈育良负责全市的果场建设。当时整个深圳规划发展建设果场 10 万亩，我们几乎天天都下去果场，走遍了各个果场的所有角落，指导他们怎么规划建设、怎么进行种植等等，可以说是起早摸黑，中午就和果农一起简单用餐。

大量果场建设起来后，我们开始发现一些问题：很多新发展的果场水平参差不齐，普遍存在技术力量不足，或者因人员外逃导致果场无人管理而荒芜的情况。我们就积极贯彻中央 1979 年的 57 号文及其他有关文件精神，又配合落实中央山林权政策，推广包产责任制，把所有果树按自留果及责任果落实到户，并且对果场进行分类整合优化，能坚持集体搞的仍坚持集体搞，不能坚持集体搞的有的包到作业组，有的包给专业户。

经过整顿优化，我们最终选择了几个果场作为水果生产的重点基地，比如公明公社楼村果场、西乡公社凤凰岗果场、平湖辅城坳果场、观澜豆腐坳果场。

在水果品种上，我们也想办法恢复深圳名果，引进外面的优良果树。其实，历史上宝安有不少果品是比较出名的，比如梅林荔枝、南山荔枝、南山甜桃、大朗沙梨、石岩柿、梅仔、金龟桔，后来一段时间由于单一的以粮为纲，不重视水果生产，导致品种就变得少了。为了丰富果品，我们还去外地学习柑桔和柠檬等果树的种植技术。以前宝安没有种过柠檬树，我记得为了学习柠檬树种植经验，我带了几个技术员到重庆北碚中国柑桔研究所学习，回来在横岗公社办了一个千亩柠檬场。

彭晋行参与和见证了深圳大量发展建设荔枝果场的过程（受访者供图）

因为宝安的自然和地理条件非常适合种荔枝，我们就因地制宜大力扶持社队办起十几个千亩、万株荔枝园，还带动农民纷纷垦荒办起百亩、千株或十亩、百株的小荔枝场，既可以绿化山野，又可以提高经济收入。种的荔枝品种主要是桂味、糯米糍、妃子笑等优良品种。

在兴办荔枝园的过程中，为了提升果场的积极性和加强责任心，我们采取的做法是由林业局和果场签订合同，约定：果场新种一株荔枝，我们第一年给予种苗补贴1元，以后每年给2元管理费，连续给5年。到荔枝有收成时，我们又和果场签合同进行收益分成，除了留出用于积累和发展再生产的外，其余收入按"八二"分成，果场得八，政府只得二，用于激励果场，以提升他们办好果场的积极性。

专业化之路让老百姓更有盼头

荔枝种植涉及剪枝、嫁接、施肥、除虫等很多个环节，专业技术非常关键。我们就从外地请了很多技术员，到果场去一个个指导。到荔枝开花结果阶段，又很容易受天气影响和金龟子、蟓象（辣鼻虫）等害虫的危害。每年到这个时候，我们都会专门召开现场会议，指导果场如何进行除虫。

荔枝成熟时间很短、很集中，就是10天左右，采摘时需要很多劳动力，我们就把村民、中小学生都组织到果场帮忙，很多从内地来这里务工的劳务工也来帮忙，十分热闹。

漫山遍野的荔枝让果场、果农的收入也提高了。后来，深圳还把每年的 6 月 28 日至 7 月 8 日设为"荔枝节"，以荔枝为主题开展各种形式的经贸招商、文化联谊活动。平时卖十几块一斤的，在"荔枝节"上可以卖到几十块一斤，并且经常供不应求。那时深圳还经常要到广州、增城等地再采购一些荔枝回来，用于供应"荔枝节"。现在大家都知道深圳的荔枝很出名，其实都是那个时候发展起来的。

很多年以后，深圳推进农村城市化进程时，因为建设需要，政府要征用大片的荔枝地，很多农民也得到了征地补偿，有的还是一笔不小的数目。宝安县农业局有一位老局长叫张禄传，退休以后也回家种荔枝，没多久就因为政府征地得到补偿款，他开玩笑说："十年种果无人问，一天赔钱天下知。"

随着发展阶段的变化，宝安结合实际，率全国之先，大力推进农业生产的规模经营、集约经营。比如，发展种养加工结合、产销结合的农工商公司，建立养鸡、畜牧、水产、蔬菜、水果等产供销一条龙、内外贸一体化的专业公司，带着农户走市场之路。再比如，在果场附近建起养鸡场，这样鸡粪可以作为荔枝果枝的肥料，既可以节约成本、减少污染，又能提高水果的品质、增加鸡场的收入，促进了循环经济和生态农业发展。

因为工作岗位的变化，上述工作我没有具体参与，但也很欣慰地看到了日渐专业化的过程。宝安的经济逐步发展起来后，人民生活不断改善，外逃之风得以遏止，待在家的人也能安心搞生产了。

不管是因时因势申请"飞播造林"，还是因地制宜建设果场、发展"荔枝经济"，我认为都是在那个特定历史阶段进行的探索，对宝安的农业发展也起到了一定的促进作用。

现在的宝安和从前完全不一样了，再也不是边陲农业县，而是向着"三城"建设目标不断迈进。我相信，以后的宝安一定会发展得越来越好，环境更优美，城市更宜居。

脚下沾满泥土 心中沉淀真情

坐在记者对面的这位谦逊、随和的长者，小心翼翼地在左胸前戴上了一枚闪亮的党徽，仿佛在提醒自己时刻保持一颗赤诚初心。随后，他将自己亲历、亲闻的有关宝安经济社会发展变化的点滴娓娓道来。

他是宝安发展建设的"拓荒牛"之一，也身居参与时代改革的"先行者"之列。但在访谈过程中，他一直强调："深圳经济特区建立以前，我还是一名很普通的基层干部，都是跟着上面的决策部署干工作，参与得很有限，只是有些深刻的感受罢了。"

这些深刻的感受，源于他和众多时代探路者深入一线、脚沾泥土，源于他们敢闯敢试、有勇有谋。在那个生活非常艰苦的年代，他们主动向上级申请全面铺开"飞播造林"，打破"政治边防"限制，处理山界林权纠纷，这需要魄力和勇气；因地制宜扶持社队建设果场，循序渐进整顿优化果场，促进种养业专业化发展，这需要智慧与恒心。

筚路蓝缕的探索，玉汝于成的收获。经过"飞播造林"，一片片光秃秃的荒山上长出小树苗，后来长成茂密的树林，石头山成了郁郁葱葱的绿"金山"。果场建设是后来"公司＋基地＋农户"模式的雏形，在推进农业生产的规模经营、集约经营方面进行了有益的探索，成为宝安的一项率全国之先的创举。

但在彭晋行看来，在时代大背景下的这些进步与成效，都是后人总结归纳的。他说："处于那个当下的我们，一心想的是干好眼前的事。现在回过头来看那些过往，心里还是挺自豪的。"

宝安县渔业是惠阳地区乃至全省的一面旗帜

人物简介

黄伙，1958 年出生于宝安县，自小便与长辈生活在海上，1972 年毕业于大铲岛小学，1972 年至 1992 年在海上从事捕鱼工作，是一位地地道道的渔民。1992 年上岸，1993 年 3 月起担任渔业村委会主任，1994 年加入中国共产党后，先后任渔业村党支部书记、渔业社区党委书记，直至 2017 年退休。1989 年，曾获得广东省"全省渔船生产竞赛奖"。

口述时间：2023 年 7 月 13 日

口述地点：深圳市宝安日报社

采　　写：徐迅

摄　　影：张彩玲

黄伙：宝安县渔业是
惠阳地区乃至全省的
一面旗帜

　　我是一名土生土长的宝安渔民，从帆船时代到机械化渔船，我亲身参与和见证了这里的渔业发展。我们渔业社区是当年宝安县7个纯渔业生产队之一，也是现宝安区管辖范围内的唯一一个。

　　20世纪60年代到70年代末，宝安凭借亚热带气候以及位于珠江入海口、毗邻香港等优势，渔业在惠阳地区乃至整个广东省都是一面旗帜。从90年代在岸上"居有定所"到2005年全部"上岸"，宝安渔民终于不用再在海上漂泊，过上了全新的生活，享受到了改革开放所带来的红利。

　　现在每当远眺海岸线，我仍会感到自豪，因为渔业是那个年代宝安的支柱产业，我和村民们也为宝安的快速发展贡献了绵薄之力。

1972年渔业队渔民在大鹏东山水产码头上市情景（受访者供图）

优越的地理位置造就渔业发展优势

我们宝安县位于南海边，属于亚热带气候，是最有利于鱼类生长和繁殖的，而且潮汐是不规则半日潮，平均潮差大，这也为80年代开始盛行的基围养殖创造了条件。

宝安县位于珠江入海口，这样的独特地理位置也令鱼类的品种更加丰富。其中大鹏、盐田区所在的东岸段属于山地海岸类型，一入海水就比较深，而且是盐度比较稳定的高盐度区。临近东部的有大鹏湾渔场、大亚湾渔场两大渔场。其中大鹏湾渔场主要有鲷科、鲹科、鲜科鱼类，渔汛期小公鱼仔、青鳞鱼比较多；大亚湾渔场水产资源十分丰富，渔汛期间既有公鱼仔、池仔鱼等浮水性渔汛，也有马鲛、黄鱼等中上层鱼类和鳝、左口等底层鱼类，还有鲍鱼、海参、紫菜、海胆、墨鱼、虾、花蟹、扇贝、江鳐等。现在的宝安辖区在珠江入海口，经过6000年历史的冲刷，形成平原海岸类型，海水由浅至深，属于河口低盐度区，而且随着季节不同，珠江入海水量不同，盐度也在不断变化。这个片区临近伶仃洋渔场（珠江口），渔汛期有曹白、马友、三黎鱼等，马齐、大虾、青蟹等产量比较高。

所以宝安县虽然面积不算大，但是同时拥有高盐度和低盐度两个不同的海区，以及山地和平原两种不同的海岸类型，海洋生物种群和水产品种繁多，这是大自然赋予我们的宝贵财富。

另外，宝安县紧邻香港，20世纪中期那边无论是经济还是机械化程度，都比内地要好很多。20世纪50年代到1968年之前，政府给我们渔民发放"渔民证"和"临时出海证"，我们将一部分水产品直接从海上运往香港，换取必要的生产设备和生活用品，这为我们提供了更为广阔的市场，也为后续的机械化打下基础。

蛇口曾是全省渔业的标兵

20世纪六七十年代，宝安县还属惠阳地区管辖，当时宝安县有7个纯渔业的生产队，西边有我们渔业、蛇口的渔一和渔二这3个生产队，东边有南澳、葵涌、盐田、东山4个生产队。位于现在宝安辖区的就只有我们渔业社区。

那个年代，农业和渔业是宝安县的两大支柱产业，宝安凭借毗邻香港等地域优势，渔业规模大、发展快，造就了我们做大做强，乃至成为惠阳地区和全省渔业的一面旗帜。其中蛇口渔一大

1973年宝安县渔业区划设想图（宝安区档案馆供图）

队是宝安县渔业的领航员，是整个惠阳地区乃至全省的标兵，当时蛇口避风塘是宝安县渔业生产基地，也是西部唯一的商业繁华之地和较大的鱼产品交易市场，更是广东省十大著名渔港之一。60年代中期，听说蛇口避风塘年渔货交易量2万吨左右，石岩、西乡、松岗一带的农民带些土特产、家禽到蛇口渔获市场交易，供渔民们选购；当时那里还有渔船修造基地，珠江口附近的渔船有不少都是到那里定期检查维修的。70年代末，蛇口生产出自己制造的渔船，最大的170吨，马力也更大了，在全省都能排上号，那里还曾走出过全国人大代表。

五六十年代甚至更早，宝安县西部的渔民在岸上居无定所，很少上岸，特别是1963年开始机械化后，常去其他地区的渔场、渔区捕鱼，一年就回来一到两次。

当时长辈们也开始意识到下一代要接受优质教育，但是小孩子不可能在渔船上读书。渔民的子弟大都寄养在大铲岛上，就读于大铲岛小学。当时大铲岛还有人居住，岛上曾驻有大铲海关、友联船厂、前湾电厂几个单位。说是学校，其实就是一间简陋的平房，老师们都是身兼数职，我也是毕业于那里，包括比我大、比我小的几代人都是在那里接受基础教育的。记得是在90年代初，渔民陆续上岸，学校最终停办了，那里的人也回到了蛇口。

机械化实现生产连续增产增收

听老一辈讲起，早期渔船基本都是帆船，到了50年代末，比较大的帆船宽4米到5米，长11米到12米，受动力影响，都只能在近海航行。我们的祖辈先后在珠江口、固戍、蛇口、内伶仃、大铲岛、小铲岛等区域进行捕鱼作业，一条帆布船承载着几家人的生活。

在那个人力操帆的年代，科技落后，船上没有电台、收音机等设备，老一代渔民们无法接收到天气预报，台风也好，暴雨也好，只能依靠祖辈们传下来和自己日积月累的经验看风向、看太阳，然后结合二十四节气来判断隔天的天气。我们总结出了一些规律。比如：二三月份北风吹来"青头北"，这个节点盛产黄皮鱼，四五月份珠江刮起"西南寨"，鱼群种类比较多，凌晨四五点钟就要起早。有时为了获得更好的收成，越是有风有雨，越是天冷，渔民们越是要出去捕鱼，因为起风了船速更快，鱼群的活动也减少了，很容易一网打尽。

到了 60 年代初期，国家允许宝安县从香港购进小机动渔船，大概是 1963 年到 1964 年，我们逐步实现机械化。到了 1969 年，我们渔业社区当时所属的翻身大队一共有 13 艘渔业机帆船。

其实当时也不是从香港采购整艘的渔船，而是购买那边渔民淘汰下来的马达，我们称为"吉那机"，然后安装在自己的渔船上。最初的时候马力只有 50 匹，跟现在的汽车都无法相比。机械化后我们航行的距离也更远了，当时从珠江口出发一路航行到台山市西南部的上川岛，开始跨海、跨渔区作业，那里可以称为宝安县渔民的第二故乡，当时从珠江口航行到距离 70 海里左右的台山要 12 个小时，因为船的马力小，需要马达和风帆一起用力。

"吉那机"其实也不是香港生产的，都是从英国进口的，零件也要进口，维修起来比较麻烦。在 1968 年之前，我们可以去香港维修，但是到了 1968 年，不准再进入香港。那时有内地渔民定居在香港捕鱼，被称为流动渔民，我们通过亲戚朋友可以跟他们取得联系，委托他们帮忙在香港购买零件，然后在海上交付，再到蛇口机械修理厂修船。

机械化后，宝安县的渔业发展迅猛，但船只维修、船只规模都是限制我们前进的"绊脚石"。为了扭转这种被动的局面，当时政府采取了两项措施：一是淘汰外国机，实现渔机国产化；二是淘汰小机小船，发展大机大船，向中深海进军。

70年代宝安县最出名最大的造船厂就是蛇口渔船修造厂，担负全县大部分渔蚝船的修造任务。马达也开始慢慢过渡，用上了国产机，最出名的就是山东潍坊牌和上海东风牌，分别是135匹和120匹马力。

改革开放的第9个年头，我们兄弟几个在香港买了艘30多米长的拖网船，安装了3台马达，向中深海作业，也算是带领宝安的捕捞产量有了较大的增长，当时我还获得广东省"全省渔船生产竞赛奖"。

多种作业方式凝聚渔民智慧

在那个年代，捕鱼方式有围网、拖网、刺网、钓鱼等作业，各有各的优势。特别是70年代，我和几个代表被派到中山大学学习，很快我们便掌握了快速网、灯光围网、海底拖网等捕捞技能。

在机械化之前的风帆船时期，刺网、刺钓这两种方式比较多。刺网是用多块网片连接成的长带形网具，敷设在海里拦截途经的鱼虾，利用网眼刺挂或者是网衣缠绕的原理捕获鱼虾。当时分为定刺和流刺两种，定刺是用插杆、石头甚至是打桩的办法，把刺网固定在水域内进行作业；流刺是由渔船系带刺网网列的一端，船和网列一起随风、流迎着鱼类运动方向漂移，使鱼刺入网目。刺网的特点是结构简单、操作方便，而且对渔船的动力要求不高，不受禁渔期的限制，能捕捉不同水层的鱼类，且以优质鱼为主，是一种不破坏水产资源、经济效益高的作业方式，所以成为当时的主要捕鱼方式之一。当然这种方式也有缺点，就是摘除网上的鱼比较费工夫，渔具的耗损也比较大。

机械化之后，我们主要采取拖网作业，60 年代末到 70 年代初，有两年时间我们也尝试过围网作业，当时蛇一、蛇二大队围网用得比较多。

围网作业就是一艘船载着一张没有扎起来、像布一样平整的网。当时我们爬上 12 米高的桅杆，凭借经验用肉眼去发现鱼群。通常鱼群活跃的区域跟平时看到的海水会有所不同，就好像一片乌云漂浮在海面上。发现鱼群后渔船开始围着这片区域绕圈子撒网，让网垂直深入海水，像墙壁一样把鱼围困在一片区域内，然后利用机器用一根绳索从底部将网口扎起来收口，就可以收网了。这就需要渔船的航行速度够快、劳动力够多、马达够大，网的大小跟动力直接挂钩，在风帆船时代是无法实现的。因为网的面积有限，只能捕捞到中上层的鱼。

到了 70 年代初，因为捕捞过度，中上层鱼的产量急剧下降，我们开始调整作业方式，拖网作业成了宝安县最主要的捕鱼方式，并且向深海进军，开辟了新的渔场。拖网就像它的名字一样，是由渔船拖着放置在海水中层的网前进，把途中遇到的鱼全都"兜"进去，然后收网。一般拖网作业需要两艘渔船合作完成，渔网的两头各绑在一艘渔船上，这样可以把渔网撑开一个尽可能大的口，网到更多的鱼。两艘船同时作业对驾驶技术有一定的要求，需要密切配合，根据鱼群的方位同步协调航向和航速。当时有其他生产队的来跟我们学习作业，比如现在的和平社区，就有两艘渔船跟着我们用拖网捕鱼。

到了70年代末，国务院颁布《水资源繁殖保护条例》后，我们的捕捞作业也开始调整了，使用捕、养结合，围、刺、钓全面发展的方针。

渔业社区曾出过一条"万担船"

新中国成立初期，我们渔民"家船合一"，无论是生活也好，吃喝拉撒睡也好，都是在海上，在陆地上居无定所，而且普遍没有文化，自古被称为"疍民"，也叫作"疍家仔""艇家人"。新中国成立后，当地政府就把我们这些习惯在西乡上岸的渔民集中起来建成一个组织，那就是渔业村的前身，归属于翻身大队，也就是现在新安街道的翻身社区。

翻身大队面积很大，107国道以东，现在宝安区和南山区交界处以北到恒生医院以南，都是翻身大队管辖的。翻身大队一共有13支生产队，其中12支都是从事农业的，偶尔会有村民参与捕鱼，第13支生产队就是从事纯渔业的我们。每条船上住几户人家要看家庭劳动力，两户一船或是四户一船。在海上船与船之间间隔至少有200米，回到港口后会靠近。

渔民间相传着一句话：大铲湾的岛，上川岛的风，龙穴岛的宫。大铲岛就在南山区前海湾附近，上川岛在广东省台山市西南部，1994 年被批准成为省级旅游度假区。龙穴岛在广州的南端，临近海洋，是我们的一处歇脚地。

当时香港的流动渔民主要在珠江口一带捕鱼，他们的设备比我们先进不少，而且这边属于内海，资源有限，所以我们"被迫"转移到台山捕鱼。我们在台山待得最久，从 1963 年持续到1979 年，那里真正算是第二个家。去后发现，我们的设备又比那边的渔民先进不少，而且一出岛水域就比较深，资源丰富，我们在当地水产部门的牵头下，开辟出新的渔场。往东的话我们会到现在的惠阳、澳头、大鹏、盐田、南澳等区域生产作业。

在改革开放前，我们渔业村有 13 条渔船，改革开放后最多的时候有 40 多条渔船一起出海，场面还是比较壮观的。1971 年是我们渔业村渔业最丰收的一年，每月渔获量高达 30 多万斤，从一条 1 斤到 4 斤的黄花鱼，到 400 多斤的"龙趸王"，让"宝安渔船"的名声在外。也是在那年，我们有位渔民半小时捕获了5 万斤鱼，破了纪录还上了"广东新闻头条"，那条船还获得"万担船"的荣誉称号。万担船，意思就是一条船一年打鱼可多达 1万担。1 担等于 100 斤，1 万担就是 100 万斤，这个成绩当时很少船能做得到。

当时我们在台山渔港或者是到东海找当地的渔港、临近的渔场，在靠近的海域捕捞，不会去太远的深海作业。因为没有冰，没有冰箱、冷柜，所以捕捞上来的鱼不好保存，基本要在当天傍晚出货。我们还得要先知道水产部门的工作人员当天在哪个水产

20 世纪八九十年代宝安基围人海上劳作（图片来源:《福海基围民俗志》）

码头收货，就近生产、靠岸，当时是统收统购的，由国家统一收购、统一销售，我们需要完成每年规定的指标。

每天出海产量不稳定，跟潮水、季节、天气、淡旺季、渔场等多重因素都有关，多的时候一天能有几万斤，少的时候只有几百斤。

到了 1979 年，翻身大队分出了劳动一队和劳动二队两个生产队，队里的干部走上渔船召集我们开归属会议。80 年代到 90 年代初，我们陆续在西乡河的岸边建房，渔业村逐步形成了一定的规模。1993 年，我们真真正正成立渔业村，直到 2005 年左右，渔民基本全部上岸，但大家至今仍然怀念渔船上的时光。

采访手记

讲述深圳"小渔村"故事

皮肤黝黑、身体健壮，年过六旬的黄伙依然充满了活力，这位老船长的眼睛深沉而明亮，透露出渔民的无尽智慧和坚韧，那是对大海的热爱和对生活的执着。面对镜头，黄伙为我们翻开了尘封在渔民心中的珍贵历史故事，更是"百年渔村文化"的"宝安记忆"和"深圳缩影"。

在时代的浪潮中，一片片白帆和一艘艘渔船耕犁在深蓝的世界。特区经过四十多年的发展，深圳从世人口中的"小渔村"，蜕变为国际大都市。深圳百年渔村文化立宝安，黄伙和他的渔民朋友们以脚踏实地的"拓荒牛"精神，打造出惠阳地区乃至全省的一面旗帜。

在海上的渔业村，他的角色是船长；在陆地上的渔业村，他的角色是村长，他是现宝安区唯一一支纯渔业生产队的"领军人"之一，见证了宝安渔业半个世纪的快速发展。但在采访过程中，他始终将自己置于普通渔民的身份，"在海上漂泊当了几十年渔民，只是对渔业发展了解得更多罢了"。

这些"了解"，源于他用渔业精神讲述着海耕实践的故事，向世人昭示：只要敢于发扬勇于探索、不畏艰险、敢为人先、开放包容的创新精神，海洋里蕴藏着无限宝藏。黄伙还曾获得广东省"全省渔船生产竞赛奖"。时至今日，他还常与老朋友一同追忆那意气风发的年纪里一船一网的渔民过往。

以"蚝"传情
滋养一方水土

人物简介

陈沛忠，男，1946年生，宝安沙井人。1964年从南头中学高中毕业后入沙井蚝厂工作，从事沙井蚝业50年。2012年获得宝安区建区20周年"百优"人物荣誉。2019年获沙井街道"最美沙井人"称号。2020年获沙井街道"最美蚝艺人"称号。现任中国水产流通与加工协会牡蛎分会副会长，广东省非物质文化遗产沙井蚝生产习俗传承人，深圳市水产行业协会会长，深圳市宝安区沙井蚝民俗文化研究会会长，深圳市宝安区沙井蚝文化博物馆馆长，深圳市新宝沙水产实业有限公司董事长。

口述时间： 2023 年 7 月 6 日

口述地点： 深圳市新宝沙实业有限公司

采　　写： 赵盼盼

摄　　影： 刘安邦

陈沛忠：以"蚝"传
情　滋养一方水土

俗话说，一方水土养一方人。沙井人成就了沙井蚝，沙井蚝成就了沙井美名。沙井是沙井蚝原产地，这里从宋代开始插杆养蚝，是世界上最早人工养蚝的地区。到清朝末年，沙井从事养蚝业的人员足有上万人。新中国成立前，沙井算是一个小城镇，相对来说较为繁华。沙井蚝名声在外，产品质量在广州、香港以及东南亚一带都很有名气。谈起沙井蚝业与我之间的渊源与情愫，这其中还真有不少故事……

学本领做实事 靠技术让"沙井蚝"走向更广阔的市场

我的祖辈很早就从事蚝业。我父亲叫陈林运，很有见识，在蚝业界远近闻名。父亲年轻时就下海做蚝，20多岁时曾去过越南，30岁左右时去了广州。父亲在"协兴行"从学徒做起，然后是卖手、大班，后来成为股份合伙人。当时，广州除了协兴，还有义合、大益专门代理沙井蚝。这些商行非常有规矩，讲诚信，不欺不伪。1950年公私合营，父亲的"协兴行"被国营广东水产供销公司收购。

1950年宝安水产办事处成立，负责人叫罗雨中，当时受广东省海岛管理局的派遣，他带了几个学生，到宝安南头县城建了宝安水产办事处。国家在1951年建立全国最大的蚝业加工厂，沙井蚝豉、沙井蚝油远销国外，为国家每年创汇3000万港币以上。1953年至1955年建起广东省粤中分公司沙井蚝业加工厂，是父亲一手搞起来的。那个时候父亲就明白，没有加工就没有市场，这个工厂为沙井蚝的深加工奠定了基础。

原宝安县沙井蚝业
生产合作社获颁的
国务院奖状

1956 年，宝安县政府根据中央关于在全国组织生产合作社、信用合作社、供销合作社的指示精神，沙三、沙四村的互助组合并成立了沙井蚝业的第一个初级生产合作社，随后，沙一村也跟着成立了一个蚝业初级生产合作社，叫二社。后来，沙井将两个蚝业初级合作社合并，成立了沙井蚝业高级生产合作社。

蚝业生产合作社的建立，大大地调动了蚝民的养蚝生产积极性，充分发挥了蚝业生产工具的作用，蚝业生产发展迅速加快。1956 年，沙井蚝业生产合作社被国家评为"模范合作社"，1957 年，又被国家评为"全国劳动模范集体单位"，社长陈淦池当选全国第一届劳动模范，得到毛泽东等国家领导人接见，获周恩来总理颁发国务院奖状。沙井蚝业及陈淦池社长为沙井、为宝安、为深圳写下光辉一页。那个时候，国家已全面开始了统购统销。沙井蚝也属于国家统购产品，蚝民收获的蚝必须全部卖给收购站，支持国家建设。

1964 年，我高中毕业后，被分到水产收购站，先在车间里做了三年，煮蚝、晒蚝，加工蚝的所有程序我都做过。我还当过采购员，不仅要采购加工厂的生产资料，连蚝民的生产工具都属于采购员要购买的范围。我也认定自己要学本领做实事，靠技术吃饭。

早在 20 世纪 70 年代初期，我们就开始了设备的技术革新。煮蚝，长期以来采用铁锅直火加热熬煮，会有杂质、碎壳。于是，爱动脑筋的工人们提出：能不能改用蒸汽煮蚝？

铁锅煮蚝到蒸汽煮蚝，是技术的进步，为蚝产业进一步发展奠定了基础。那时，新任加工组副组长的我，与技术人员和工人们一起攻关。我参与设计并负责绘图、计算，集中了各方的意见，最终绘制出"螺旋式蒸汽煮蚝器"设计图，研发设计出的设备具有优质、高产、简单、投资少、消耗低、减轻劳动强度等优点，效率比铁锅煮制提高了至少 6 倍。经过"螺旋式蒸汽煮蚝器"出来的产品完整无损、干净、无杂质，干制品色泽金黄、美味可口，解决了多年来由于铁锅煮蚝导致蚝豉碎壳杂质多而影响出口的问题。此设计图纸被中国水产杂志予以介绍、推广。这项革新成果，曾获广东省科技进步奖。

1984 年，我当上公司经理，向工商银行借款 60 万元，开始探索蚝油加工技术的新工艺及其新设备，决定对传统的生产线来个"脱胎换骨"的大革新。新蚝油生产线在国内首创采用了快速管道式预热糊化、超高温瞬时灭菌、真空灌瓶的蚝油加工新工艺，取代了以直火锅或夹层蒸汽锅为主的老生产工艺，使生产形成流水作业线，实现了机械化，有效提高了产品品质。1990 年，

博物馆内的展品

深圳科委组织有关专家对其进行技术鉴定，认为该生产线较好地
继承并发扬了老牌号沙井蚝油的传统特色，充分体现了蚝油生产
的科学技术的进步，同时开创了传统特产走向商品市场的新路。

救企业解民忧 "沙香"牌蚝油香飘四海

20世纪70年代末，因为"三来一补"加工业转移，水质污
染，出现大量死蚝。蚝产量占全省近三分之一的沙井蚝业大队损
失惨重，而且这一灾难还导致了此后两三年蚝产连续失收。对于
历年担负蚝产品收购、加工、出口、内销任务的我们来说，这绝
对是一场灾难。

改革开放，国家实行边境小额贸易政策。沙井蚝业大队只要

每年交售鲜蚝 300 担和上缴 25 万港币额度，多出来的蚝产品便可自行组织报关，销往香港市场。1983 年，宝安县又取消了蚝产品的派购任务，实行自由议价。

这样一来，水产公司对沙井蚝年收购量下跌到 1 万担以下，比最高 7 万担的年收购量减收了 6 万担。当时，沙井水产分公司占地 2 万多平方米的厂房，只有两三个月派上用场，其余时间停产、荒废，企业背上了沉甸甸的一个"亏"字。

收购不到蚝，大伙儿没有活做，公司面临着关门、转产。分公司想方设法，借钱也要给工人们发出基本工资。这就是 1984 年，我新上任沙井水产分公司经理时面临的局面。

作为蚝民后代，我有一种使命感和责任感，为沙井蚝负责，为公司的员工负责。我深知职工们的艰苦，职工们也了解我的秉性。上任伊始，我与大伙儿合计，认准了救活企业的一条路，依然是驾轻就熟的蚝油生产。

过去，在计划经济统购统销的年代里，蚝油还没有启用商标。改革开放后，企业转换经营机制，成为相对独立的经济实体。沙井分公司要为传统的正宗的沙井蚝油打出自己的商标。几经斟酌，确定取名为"沙香"，意为让沙井蚝油香飘四海。

那天，我背着带壳的鲜蚝到广州登门拜访摄影界一位前辈，请他将沙井蚝那"玻璃肚"拍摄出来，商标上要突出一个"玻璃肚"的大特写。随后，经朋友介绍，我们又专程驱车前去东莞印刷厂，请来了美术设计师，把我写的"沙井蚝油"四个大字做成图片印在产品包装上。后来，我们在广州秋季出口商品交易会开幕的前后，在广州举办了一个沙井蚝的小交易会，结交四方朋友，听取客户反映，扩大自身影响。从此，"沙香"牌蚝油开始进入广州销售市场。

沙井蚝交易会开幕时，我用沙井运去的上乘鲜蚝，办了一席蚝宴，请各方朋友品尝。姜葱鲜蚝、油炸鲜蚝、蚝油鲜菇、蚝油生菜……总而言之，蚝与蚝油贯穿全席。这才真叫不吃不知道，一吃好味道——地道的蚝风味征服了众人的味蕾……

后来，上海市水产公司海味批发部的李根淼经理亲自到沙井，与我们签了每月500箱的供销合同。当时我们公司没有一条生产线，只有两口大锅煮蚝油，一次可以煮几百斤的蚝油，年产1000箱左右。于是，我们决定搞一条蚝油生产线。我从银行贷了60万元，建起了全国第一条蚝油生产线，第二年投产，第三年就有100万元利润。后来，上海专门经销"沙香"牌沙井蚝油的商铺扩大到六七家，形成了一个多家竞争经销的新格局。1991年上海市场的沙井蚝油总销售量达1.5万多箱。为进一步扩大沙井蚝油的销售范围，我们先后在北京、江苏、浙江、天津、昆明、四川等省市建立了销售网。

我们利用自身收购、加工鲜蚝的经验和优势，与沙井蚝业村携手合作，取长补短，组成联合公司，我被推举为经理。此间，我带着几位收账员（卖手），拜访了香港四五个蚝豉、蚝油经营大户。在深圳市政府的支持下，开始进军香港市场，第一年便在港销售沙井蚝豉达200万港元。

开拓香港市场之初，要深入了解行情，我时常舍不得打的士，宁愿挤大巴。午餐时，就在街边大排档吃盒饭。晚上，舍不得租房，回到在香港打工的弟弟家"蹭"一宿。入夜，在五六平

沙井蚝民劳作雕塑

方米的"鸽笼"似的小屋里，有时将就打地铺，有时就与弟弟挤睡在床上，让弟媳睡沙发。借用弟弟家的电话，往外联系业务。反正一切就是为了给沙井水产公司省钱。

在香港我靠什么打开市场，培育市场？就是"信为本、诚感人，优取胜"。

就这样，通过香港的裕隆海产贸易公司以及兆兴隆、裕益蚝油公司，沙井蚝豉、沙井蚝油走向东南亚、欧美市场。1991年4月，"沙香"牌沙井蚝油在第二届北京国际博览会上问鼎金奖。

我们的产品能打开销路，一是靠我们的产品质量；二是靠销售员，我要求我的推销员既要讲"诚"，诚招天下客，还要讲"精"，市场信息要灵；三是要"勤"，嘴勤腿勤。

异地养殖蚝获"新生" 创造中国水产史上"大奇迹"

前面，我们说到，20 世纪 70 年代末，由于珠三角沿岸传统农业解体，向"三来一补"加工业转移，蚝民村的生蚝养殖业也遭到毁灭性破坏。除了打造并擦亮"沙香"牌蚝油之外，我们还大胆尝试异地养蚝，让沙井蚝"重现生机"。

我记得，那个时候，几乎每一个沙井蚝民都在心里发出疑问：沙井蚝还能存在吗？老祖宗留下来的上千年的技术，真的要丢掉吗？

过去沙井蚝民也有到珠海、中山、台山买蚝仔回沙井寄肥。我们一开始也是这样做，投放到蛇口后海，但产量上不去，效果不理想，成本也高，赚不了多少钱。我们公司几个负责人跑遍了广西、福建和广东沿海养蚝区，寻找一个和沙井蚝品质类似的地方。

大约从 1983 年起，经过多次实地考察，我们开始走出去异地养蚝，决定在台山搞一个养殖基地。于是，我们与台山开始合作，用养殖沙井蚝的技术，在台山做蚝业发展。1995 年前后，由于西部港区、高速公路的修建，周边水域再度污染，沙井蚝田开始大面积地迁出深圳。2002 年，沙井蚝业养殖转移基本完成，95% 以上的沙井蚝养殖已经转移到以台山为主的台山、惠东、阳江、汕尾沿海海区。

目前，95% 以上的"沙井蚝"通过外移基地养殖而来，这些蚝基地不仅没有受到任何污染，而且海水盐度、温度、浮游微生物、水质等都与沙井蚝原始生存环境一致，同时，因其仍严格采用"沙井蚝"的技术标准生产、加工，蚝成品品质与"沙井蚝"并无二致。

在沙井蚝开展异地养殖期间，1992年，我们首次与台山蚝民合作，出资在当地养蚝，正式拉开了沙井蚝业异地养殖的序幕，此后不断扩展养殖区域，深化合作。

异地养殖是我们探索成功的城市化之后种养殖的一条新路子。沙井蚝业第一次产业转移，开创了中国养蚝产业转移之先河，完整保存了"沙井蚝"的传统品牌，创造了中国水产史上的一大奇迹。

异地养蚝，一方面把养蚝技术和蚝文化传播到了当地，也带动了当地的蚝业市场，并创造了大量就业机会。这也给深圳市政府一些启发，1986年市政府出台了农产品五大实施方案，其中就有异地养猪、异地种菜。同时，异地养蚝为沙井蚝的深加工提供了充足的货源。2001年开始，蚝罐头生产线上马了。过去蚝是大的有人买，小的无人要，沙井人一般是吃中蚝。而蚝罐头刚好解决了小蚝无人要的问题。

沙井牌蚝罐头，成为深圳首个绿色安全食品。经过多年实践，我们用祖宗留传下来的技术做蚝，从养殖到加工，始终保持了传统的纯净品质。到现在，我们的罐头还是定产定销。我认定，品质决定销路，品质决定企业的生死存亡。

可能基于以上种种，我被人誉为"沙井蚝王"，其实我只是沙井蚝的一分子、一个代表，我更愿意自我介绍为"沙井蚝人"，并在名片上印着"沙井蚝人陈沛忠"。当然我也为这个称号自豪，我把"沙井蚝王"当作是祖辈们对我的期望和寄托，对沙井蚝我有一种由衷的热爱和使命感。2000 年以后，我意识到品牌与文化结合才有发展的基础实力，才有更广阔的后续发展。

沙井蚝历经千年所蕴含的历史文化精神和品质是什么？这点一直没有引起人们的足够重视。百年老店靠的是什么？不就是它传承的一种经销方式、优良品质和独特风味吗？那沙井蚝在千年的发展中，有待传承、有待挖掘和发展的是什么呢？

2003 年，我受邀去阳江参加一个开蚝节，当时就想到，凭着沙井蚝的千年历史，我们不是更应该有一个自己的文化品牌吗？于是，在政府的大力支持下，"沙井金蚝节"正式出炉。沙井蚝的美名，借着文化的能量，远播海内外。我们还办起了蚝民俗文化博物馆，成立了蚝民俗文化研究会。我们要做到不仅蚝产品要过硬，还要挖掘出蚝的历史文化意义。

沙井蚝民的"脉动"与"情愫"

"其实我只是沙井蚝的一分子、一个代表。"在访谈最后，陈沛忠老馆长用一句话轻描淡写地概括了自己 50 年的"沙井蚝情"。他的这份谦逊着实让人心生敬佩，他对沙井蚝，不仅有一种责任心，还有一种爱、一种感情。

沙井的经济文化历史，与沙井蚝的生产文化历史发展息息相关。养蚝业的出现，开辟了沙井经济的一片新天地，丰富了沙井社会经济的内容，哺育了历代沙井人。同时，由沙井蚝业经济所引出的生产习俗、生活习俗和文化习俗渗透到各个方面，成为沙井社会经济文化的一大特色和亮点，也成为宝安的"金字招牌"，从而又推动着社会经济文化的向前发展。

现代文明、经济发达的地区如何发展水产业，建立与市场相适应的现代农业体系，包括陈沛忠老馆长在内的沙井人做到了。他们创造了异地养蚝新路径，用胆识和智慧延续了沙井蚝产业的发展历史，不但挽救了千年传统蚝业，将深圳独有的沙井蚝文化传到了远方，而且走出了一条发展农业的新路。

其实，深圳今日经历的开放、开拓、创新、竞争等城市发展历程，在数百年前的沙井都能一一找到影子。今日深圳人精神的特质里，也有着沙井蚝民的基因。透过陈沛忠老馆长，我们感受到了沙井蚝民的"脉动"与"情愫"。

我成为宝安县去香港办公司的第一人

―――――――― 人物简介 ――――――――

　　卓辉，1937 年出生于广东省宝安县龙华弓村，1949年 1 月参加革命，担任交通员。退伍后，分配到宝安县和深圳镇人民政府工作，先后从事过财务、会计、统计等工作。1960 年，任共青团宝安县委青工部长。1969 年，任宝安县革命委员会计划办公室副主任。1970 年初，任宝安县"知青办"办公室主任。1973 年，任宝安县科技局副局长。1982 年，任宝安县对外经济办公室副主任。1986 年，任薪宝（香港）发展有限公司董事长。1997 年离休。

口述时间：2023 年 7 月 24 日

口述地点：受访者家中

采　　写：何祖兰

摄　　影：陈文韬

卓辉：我成为宝安县去香港办公司的第一人

宝安县作为深圳的前身，向来是有发展底子在的，我生于此，长于此，在这里见证了许多重要的历史时刻，也有幸在时代的变迁、经济的腾飞中实现自我的成长与进步。深圳经济特区建立前，宝安县发挥毗邻港澳、华侨众多、交通便利的优势，积极发展"三来一补"贸易，对后来深圳经济的起步和跨越式发展产生了巨大的推动作用。作为亲历者和建设者，我感受深刻。当年那些一手操办起来的村办企业，我也一直牵挂着他们。

少小参军在宝安实现人生进步

1937 年，我出生于宝安县龙华弓村。1949 年，才 12 岁的我参加了游击队，加入粤赣湘边纵队东江第一支队第三团，分配到交通站成为一名小小交通员，负责情报传递工作。我是交通队员里年纪最小的，但我人小胆大、机灵活泼，大家都亲切地叫我"卓仔""卓怪"。交通站无敌情、无任务的时候，站长就教我们学习认字，讲革命道理、英雄事迹，那时感觉很乐观、很充实、很快活。

新中国成立以后，我被分配到宝安县和深圳镇人民政府（深圳镇曾经是宝安县下辖镇，1931 年设立，1980 年改名）工作，最早也是担任交通员。工作后，我有幸得到各级领导的培养，先后接触财务、会计、统计等工作，有了很大的进步，后来成长为一名农业合作社驻社干部。1960 年，调到共青团宝安县委任青工部长。

1970 年，因为我有青年团工作经验，调任宝安县"知青办"

办公室主任，全面负责"知青"工作。当时还帮助许多"知青"顺利"招工"，后来他们中许多人都在深圳市工作，为深圳经济特区建设做出贡献。

印象深刻的是，1976年，当时我担任宝安县科技局副局长，负责农村科学种田、种子杂交等一些科研项目。当时我国粮食紧张，而种植杂交水稻产量很高。那时候多数地区一年最多能种两季，但在海南岛四季都适合种植。"杂交水稻之父"袁隆平就向中央提出，利用冬季在海南岛种植水稻。因此，很多省、市、县就组织人去那里加入种植杂交水稻、繁育稻种行列。

我作为科技局副局长，又分管农科所，县里领导就指派我去海南完成繁育水稻良种的任务。于是，我就带着95人，到海南开始了一段种田生涯。当时的生活条件相当艰苦，没柴火，只有一个锅，还是我们带去的。

在海南种田半年多，我们超额完成任务，带回16吨水稻种子。当时运回深圳也费了不少功夫，16吨种子如果用车运输，需要4辆解放牌汽车来回8天时间，但当时要协调一辆车都困难。后来，在我们的协调下，一起去海南的东莞种植队伸出援手，用船把我们的稻种一起带了回来。

回到深圳时，宝安县在家领导，只要能放下工作的，都去火车站迎接我们，为我们接风洗尘，大家都非常高兴，任务完成了，还帮县里省了一大笔资金。当年"七一"，我还被评为宝安县优秀共产党员，受到了通报表扬。

勇担重任成为招引外资冲锋兵

1978 年 12 月 18 日，党的十一届三中全会开幕，开始了中国改革开放的进程。就在当天，宝安县石岩公社上屋大队与香港怡高实业公司签署了我县第一份"三来一补"合同，打开了深圳工业化的大门。

"三来一补"是指"来料加工""来件装配""来样加工"和"补偿贸易"。为什么会有"三来一补"？ 20 世纪 70 年代以来，香港本地加工业的高速发展，造成厂房、劳动力紧缺且工资水平不断上涨，迫使香港工厂向其他地方搬迁。深圳与香港距离近，语言相通，搬迁相对比较方便。

不过，那时的外商都有"两怕"，一怕如果公私合营，企业

卓辉招商引资工作成绩显著获一等奖（受访者供图）

会被没收；二怕在大陆赚的钱带不回去。尽管这样，不断变高的生产成本逼得港商没有路走，所以他们就硬着头皮来了。

1979 年，宝安县撤销，改设为深圳市，并划分为罗湖、南头、龙岗、葵涌、龙华、松岗 6 个区。为了把除罗湖、南头外的 4 个区经济搞起来，市里调了一批干部到这 4 个区工作。当时，我就被调到龙岗区任办公室主任。

当时的办公室主任是"上管方针政策，下管厨房垃圾"的。但龙岗区领导很信任我，认为我工作能力强，为了克服交通不便、电话难通的困难，领导非常开明地让我不用到龙岗上班，就驻在市里的对外经济办公室，专门负责招商引资工作。

1987 年，卓辉陪宝安县龙岗镇主要领导赴日本考察（受访者供图）

龙岗区领导要求每个大队都要办厂，请我给每个大队、每个村都至少引进一家外资企业。因为那时的"来料加工"比较简单，主要是劳动密集型手工类工序，可以给大家创造就业岗位，增加收入来源，还能增加国家外汇收入，所以大家都很重视引进外资办厂。

我去了对外经济办公室后就跟那里的同志们讲，我从负责青年、行政工作转到搞商业，我还不懂怎么搞，然后就找他们问、向他们学，他们也很热情。在那里，我就成了龙岗区的招商引资代表，有合适的项目进来，我就负责引到龙岗去。

"三来一补" 探路者披荆斩棘前行

"三来一补"在当时具体的工作开展中，有非常多的困难，一切都是从零开始探索，没有条件招商办厂，创造条件也要上。

有合适项目可以引进的时候，我就带外商去看场地，当时就是有什么地方就利用什么地方，比如祠堂，还有当年人民公社那些饭堂、会堂。项目来多以后，也还是不够用，怎么办？有个比较典型的例子，甚至把过去公社用来养牛的地方都用上了，当时我叫大队领导用水泥把牛栏地面、墙面打平，重新粉刷一下，就这样请外商过来看，也行，也可以用起来。有的外商什么设备都没带，甚至连凳子、工作台都需要我们的工人从家里带来，就非常简单地把厂办起来了。

总的来说，就是要把工作的灵活度发挥到极致，在没有厂房、没有人员、没有设备、没有技术的情况下，逐一想办法去解决。没有工人就发动全村男女老少进厂学习技术；没有设备就想方设法跟外商"借用"，只要承诺将来一定会还给外商，海关也让我们通过，设备的关税也省了；工人们不懂技术，就和外商谈判，要求他们提供技术人员，来工厂培训工人。

随着越来越多外商来深圳投资，我的工作也变得越来越忙，回家吃饭这件事也被人"管住了"，因为时间不够用。为什么说不够？当年深圳酒店很少，住宿条件也很简陋，港商晚上基本不在深圳住宿。但是口岸早上9点才开放，下午5点就关闭了，中午还要休息两个钟，所以港商说"我最宝贵的时间是你们睡觉的时间"。

所以凡是当时做招商引资工作的人，中午都没有时间睡觉，整天陪着外商聊项目、看场地、谈合作，外商很注重时效，尽快把项目搞成以后就有收益。我们这边呢，成了以后也有收益，两边都好，所以大家对工作的积极性都很高。

那时跟外商合作的合同都是用手写，白天谈好具体条款，第二天港商再过来就要签字。那时候，我晚上就得在家里一字一字地仔细推敲，各种条款上不能被外商钻空子，工作量很大。1982年初，我当时任宝安县对外经济办公室副主任，为了节省抄写合同的时间，我把合同改成填写式合同，根据加工产品不同、加工地点不同、加工数量不同、加工费用不同，总结出"四个不同"，这种填空式合同也是从那时开始，后来逐渐在深圳流通起来。

筚路蓝缕塑深圳现代工业雏形

当年的外汇管理是这样的，国家对"来料加工"装配创汇企业实施外汇补贴的优惠政策，为国家创造一块钱人民币的外汇，国家再补一块钱人民币给你，那就变成两块钱了，收益是很不错的。创造的外汇收益全部给工厂，补贴的外汇收益就按"442"分配，生产队和大队各占40%，公社占20%。且外汇额度归县里使用，当时宝安县的县长李广镇曾说过，"来料加工"快速提高了农民生活水平，是宝安县国民经济三大支柱之一。

当年在农村，在生产队做一天才分配几毛钱，如果在工厂工作效益就高很多。这样一来，大家的积极性就高起来了，各显神通、各尽其能地进行招商引资。

所以搞"三来一补"引进项目就是很成功、很好的一件事情，凡是有引进项目的那些大队，面貌很快发生巨大改变。宝安县原本是个农业县，当时整个宝安县经济都是从"来料加工"起步，搞得最活的也是宝安县，很快经济就火起来了，农民生活就改变了，青年外逃的现象也基本没有了，都进工厂了。

拿龙岗山厦村举例，跟周边的村相比，这个村当时比较穷，没有引进外资企业之前，经济收入来源很有限，养鸡养猪没有规模，所以没有脱掉贫穷帽子。我就给他们引来第一家加工塑胶花的外资企业，谈来谈去，加工费只差两角钱一摞（一摞144枝花）谈不下去，港商不愿意签合同。

我想了又想，放弃实在可惜，加工费虽然低，但总好过没有经济收入呀！我就鼓励支部书记，我说你大胆签，差那两毛钱

2014年卓辉获突出贡献人物奖（受访者供图）

吗？况且现在村里那么穷。结果就是这2毛钱的让步"救了"这个村，合同签了以后，大队整个面貌都开始改变了。后来山厦村通过各种渠道又引进了很多企业，慢慢也发展得很好了，村民富了，家家有小车，户户住别墅。经济发展了，村里的文艺事业也发展起来了，老百姓的日子过得美滋滋。

再比如坜下村，落后偏僻，当时去村里都要坐船，如何在那个村里办厂呢？我就给区领导建议：在条件比较好的村庄里划一块地给坜下村建厂房，帮他们引进项目，建好再交回坜下村管理，利润归该村。领导立即采纳了我的建议，这个村子也顺利落下了项目。后来，我用这种方式为好几个村子办起了工厂。

之后，我又建议把每个村的厂办企业集中在一起，把工业厂房集中划成一块一块的，沿着公路两侧建立工业区，就这样，一个工业区又一个工业区建起来了，那时有一个很形象的说法叫"长藤结瓜"。随着"三来一补"企业雨后春笋般建立起来，各个厂区最后形成了一定规模，这就是后来深圳出现的很多大型工业区的雏形，深圳各大工业区的形成就是从那时开始的。

在大家的共同努力下，我们的招商引资工作取得了一定成绩，半年时间内，龙岗创收外汇 60 多万元，是全市 6 个区中成绩最好的。由于在招商引资方面的工作表现，1980 年 2 月，深圳市群英大会上，我拿到了一等奖，并在全市招商引资会议上讲话。

1986 年，宝安县委调我到香港开办薪宝（香港）发展有限公司，我也成为宝安县去香港办公司的第一人。那时还兼顾着龙岗这边的招商引资工作，那些一手操办起来的村办企业，我也在牵挂着它们。我一直关注着宝安的发展，现在宝安在全国县区经济发展能排进前列，这可不简单呐，希望宝安今后发展得越来越好。

采访手记

大胆探索、敢闯敢试的开路先锋

卓辉老前辈接受采访时已是 86 岁高龄，回忆起峥嵘岁月，他那炯炯有神的目光、饱含感情的话语，将人一下带回到那一个个鲜活的奋斗故事中，感受到深圳彼时那些敢闯敢试、敢为人先的建设者干事创业的热血与激情。

党的十一届三中全会召开后，中央赋予广东"特殊政策、灵活措施"，彼时的宝安县充分发挥毗邻港澳、华侨众多等优势，积极发展"三来一补"贸易，对深圳产业、经济的起步腾飞和跨越式发展产生了重要的推动作用。

在卓辉的讲述里，我们得以知道早期宝安发展建设者是如何以"逢山开路、遇水搭桥"的精神，在一片田野上建起了一个产业发展新城区。外商要办厂没有场地如何解决？会堂、食堂甚至牛棚，通通用上。场地有了，没有生产设备如何解决？与海关协调、与外商沟通，想方设法从港澳外商那里"借用"。

在早期，发展"三来一补"没有经验可借鉴参考，这样的案例数不胜数。卓辉坦言，自己上学不多，但参军和工作以后，在社会大学里学习到许多实用的知识，文化也得到提升。实际上，是卓辉自身埋头苦干且善于思考的工作作风，让他无论在哪个单位哪个岗位，都能充分发光发热，譬如放弃休息时间对接外商、琢磨"三来一补"合同范式、蹚出深圳早期工业园发展之路……

正是诸多如卓辉这般务实、灵活的建设者奔走在深圳各个角落，勇于挑最重的"担子"、接最烫的"山芋"、啃最硬的"骨头"，以敢想敢干的奋斗精神、冲破体制的锐意创新，才闯出了一条从计划经济向社会主义市场经济转型的改革之路，闯出了一条从封闭半封闭到全方位开放之路，闯出了一条从传统农业社会迈向现代工业社会的发展之路。

深圳第一家"三来一补"企业首批女工

人物简介

赵秀琴，1960 年 2 月出生于宝安石岩上屋村，初中毕业后在家务农，之后在宝安一家厂工作 2 年左右，1979 年被村里选派到香港怡高发热线圈厂工作，成为全市第一家"三来一补"企业的首批流水线工人。2003 年，因香港怡高发热线圈厂搬离宝安，她辞去工作，后待业在家。

口述时间： 2023 年 7 月 19 日

口述地点： 深圳（宝安）劳务工博物馆

采　　写： 许卓

摄　　影： 傅葩

赵秀琴：深圳第一家
"三来一补"企业首
批女工

洗脚上田当女工

45 年前，宝安石岩上屋，一个大胆的决定，让这个名不见经传的村庄改变了命运，创造了历史。

这个决定被载入史册——1978 年 12 月 18 日，在党的十一届三中全会开幕的日子，宝安县石岩公社上屋大队、深圳轻工业进出口支公司与香港怡高实业公司签下深圳市"001 号"办厂协议，决定在石岩上屋成立香港怡高发热线圈厂。根据协议，石岩上屋大队提供生产工人，香港怡高实业公司提供资金、设备、原材料，进行补偿加工贸易，并支付工人工资。香港怡高发热线圈厂因此也成为国内第一批、深圳第一家"三来一补"企业。

引进外资来深圳办厂，在当时实属破天荒之举，正式签约之

第一批劳务工原厂址合影（前排右三为赵秀琴，摄于 2008 年）

前，此举曾在村里引发了"姓资还是姓社"的大讨论，也有不少人担心，如果搞不好，会被打成"走资派"。时任宝安县委书记方苞曾回忆，"（当年）有人指责我们'让港商占去我们的配额'，'把已消失了的剥削制度又引了进来，和资本主义社会没有什么区别'。"因为存在担忧和争议，这一决定曾在上屋大队讨论了半年之久，经过投票表决，最终，该提议才以1票的微弱优势获得通过。

个人的命运和历史的进程就这样产生了"同频共振"——彼时，赵秀琴和其他24名村里的年轻姑娘，被选中为香港怡高发热线圈厂的第一批女工，曾经在地里种田、在果园里种树的农民就这样"洗脚上田"，当上了工厂工人，成了光荣历史的创造者。

谈起40多年前进线圈厂工作的经历，今年63岁的赵秀琴对一些细节已经有些模糊："进线圈厂的时候，我大概19岁。我们那个年代，大家都不怎么读书，我读到初中就也没继续读书了，然后开始种田、种果树，后来又在另一家工厂工作过大约2年，然后就被选到线圈厂来做工。"赵秀琴回忆道，"那个时候大队在村里找年轻的女工，找满了25个，就开工了，后来的人想进厂也没有名额了。"

赵秀琴说，第一批进厂做线圈的25名女工，其实都是年龄相仿的"发小"，"大家都是一起长大、一起读书的，住得也近，都在村子里，以前也一起干农活，所以彼此都不陌生。"开工时，大家就围坐在一条流水线上做线圈，"有一个香港人来教我们做线圈，这些线圈做好后要用在吹风机风筒里，学起来不算太难，

劳务工博物馆（怡高发热线圈厂旧址）

一两天就能学个大概，但是如果要达到质量标准，还是要经过一段时间的训练，没有达到标准就通不了电，就要重新做。我们25个人做的线圈产品不一样，有不同的规格。"

"初代蓝领"加班忙

"早上6点出门买菜，然后送小孩上学，7点赶到工厂开始上班，一直做到中午12点，下午1点又要开始上班，一直上到6点，然后再吃饭稍微休息一个钟，经常是晚上7点又开始加班，基本上要加班到10点才能下班。我们经常没有周末，只要有货要做，周日都要上班。"回忆起进线圈厂后的"蓝领"生活，赵秀琴表示，这样的工作节奏一点不比如今的深圳打工人慢。

"初代蓝领"工作这么拼，一方面源于大家"有活就干"的朴素观念；另一方面，比起种田，在线圈厂工作的收入的确高了不少。"种田的话，种完交给集体，最后自己分不到多少钱，但是在厂里，一个月能挣七八十块钱。"赵秀琴说，每个女工的收入都是一样的，因为是"一起做，平均分，大家一起做得多，就一起挣得多"。

据了解，起初，女工们一个月能挣到80元左右工资，技术娴熟后，一个月可以挣100多元甚至200元。这远远高于原本务农所得，因为当时上屋村村民人均年收入也仅有110元左右。上屋大队因此也变得富裕起来——1979年，大队结汇港币30万元，除掉工人工资，还能有四五万元的集体收入，可以用于很多项目的建设。

怡高厂创办初期，条件比较艰苦，生产设备也很简陋。虽然港方投资了30万元，但并没专门修建厂房，只是用石岩公社不足200平方米的办公楼作为装配车间，一楼就是原先的大队办公室，二楼就作为生产车间，25名女工分两排，面对面就座，运用脚踏、手摇和低级的电动机械进行生产。不过，赵秀琴说，那个年代，上屋到处都是水田、农地，气温感觉比现在要低，所以夏天虽然没有空调，安安静静做工的话，也不会感觉到太热。

因为女工们干活很拼，怡高厂的业务也越做越大，没多久，生产线就从1条扩充到3条，人数由最初的25人变为70多人。女工们也开始有了"晋升"的机会，即当"班长"。"做得比较认真的人就可以当班长，班长主要就是监督大家做工，如果有人请假，班长也需要顶班。"赵秀琴说，班长的工资和其他工人是一

劳务工博物馆（怡高发热线圈厂旧址）生产线

样的，还是根据总收入按照人头平分。"我也做过班长，但后来家里事情太多，当过一两年班长就没想做了。"赵秀琴坦言，在那个年代，家庭中的男人不怎么做家务活，所以一起做工的姐妹们虽然从农民变成了工人，在繁忙的流水线工作之余，但凡有点空闲时间，还得回家干家务、干农活。不过，赵秀琴说，自己的婆婆倒是会帮忙带孩子，"我上班这么忙，没时间带孩子，每个月给她 70 块钱，你说她愿不愿意管？"

散落天涯难再聚

自从 19 岁左右进入怡高厂，赵秀琴一干就是 30 多年，直到 2003 年，该厂搬离宝安，她才辞去了工作，是在怡高厂工龄最久的"元老"。不过，据赵秀琴说，首批 25 名女工，像她这样"从一而终"的非常少，在怡高厂成立五六年后，当年一条流水线上的姐妹，很多被安排到别的流水线上工作，之后，大家又因为各种原因，陆续离开了工厂。"有的嫁到了罗湖，有的去了香港，有的因为家里各种事情没做了，有的后来根本不知道到哪里去了。"赵秀琴说，现在，偶尔在街上还能遇到个别居住在石岩的工友，"见面就打个招呼，也没有留电话，或者加微信什么的"。

虽然大家早已"散落在天涯"，但仔细"搜索"回忆，赵秀琴还是能回忆起一些人的名字和下落。

"有一个叫'叶秀珍'的，后来听说她得了尿毒症，前几年又听说去世了。"赵秀琴说。"江惠群"也是赵秀琴记得的一个姐妹的名字。"就是照片里那个白头发的人，后来听说也去世了。"采访当天，在劳务工博物馆，赵秀琴指着一张合影说。那张合影拍摄于 2008 年，当年，上屋社区组织首批女工重聚，不过也就只来了十几个人，"那是这几十年来大家唯一一次相聚，也就一起到工厂旧址参观了一下，然后一起吃了个饭"。

据了解，江惠群也曾在 2018 年接受采访时介绍：当年，自己的老公叶玉荣在供销社搞业务，外出开会认识了当时位于文锦渡的深圳轻工工艺品进出口公司的老李，听老李说香港怡高实业公司的王老板想要来内地投资办厂。叶玉荣从中牵线，推荐王老板把厂址选在了石岩公社上屋大队。建厂时，江惠群已经 32 岁了，但是因为老公叶玉荣有"招商引资"的功劳，她才得以"破格"录用，后来当上了质量检查员，即坐在生产线末端，检查大家的线圈成品质量。她曾这样评价当时一起做工的姐妹："那时候那些小姑娘都很单纯，很团结，很听话，不会闹矛盾。工作的时候可以聊天，谁有笑话都会讲，嘻嘻哈哈就一天。不会像原来种地'面朝黄土背朝天'。"1987年，因为公公过世，江惠群举家搬迁到罗湖，便离开了工厂。

在赵秀琴心中，江惠群是工友姐妹中最会唱歌的。"我还记得，她家里有人是宣传队的，她就比较会唱歌，以前大家在一起干农活的时候，她就带着大家一起唱《刘三姐》，不过进厂工作后，大家更忙了，也就没有时间在一起唱歌了。"

"戚生"和"梅珠"也是赵秀琴能够回忆起来的人。"戚生和梅珠都是香港过来的，教我们做线圈。戚生后来自己去别的地方开厂了，梅珠也是来了两三年后就走了。"据悉，"戚生"名叫戚润能，1977年任香港电业有限公司技术员，1979年被派到石岩上屋香港怡高实业公司当技术指导员，指导培训工人工作，1986年离开公司自立门户。他曾这样回忆：当时的石岩是一片农田，对从香港过来的他而言，感觉一片田园风光非常美，但在此办厂则会遇到很多困难，例如，没有自来水，只能打水井，电力也有限，一到下午5点就停电，通信则只能靠大队办公室的一部手摇电话，拨个长途回香港往往要等老半天。最不方便的是交通，每天除了公司有辆面包车可以来往石岩和香港外，就只有早上一班车到深圳市区，晚上有一班车从深圳市区回石岩，此外就只能靠走路了。当时深圳没有工业，加工的所有零配件都必须从香港运过来。

当被问到"是否还希望大家再次相聚"，赵秀琴表示，也说不上希望不希望，很多人早就没有生活在石岩甚至深圳了，有的人都"走"（去世）了，在的人也各自忙各自的事，应该是很难再相聚了。

接续奋斗再跨越

从引进怡高厂开始，宝安拉开了"三来一补"发展"大幕"。1979 年以后，全县许多村、镇都参照石岩上屋模式，将仓库、食堂、祠堂等都纷纷用作厂房，进行制造业加工、生产，宝安也逐步走上集资、合作、独资、联营建厂的制造业发展"快车道"。

以怡高厂所在的石岩街道为例，有资料显示，1986 年，石岩辖区共吸引投资 2793 万元，兴建标准厂房和宿舍 19 万平方米，其中生活配套设施 3 万平方米，建成了用水、供电、道路和通信设施比较完善的 6 个工业区，引进设备价值 9450 万港元，先后办起了制衣厂、玩具厂等"三来一补"企业 29 家；另有村办企业 33 家，从业人数 4500 人。生产项目有电子元件、电器、钟表等，产品销往欧美、中东、日本、东南亚和香港等地。"三来一补"企业为石岩的经济发展注入了新的活力和生机，使石岩一改过去单一的农业与林果业并重的农业经济，形成以工业为主体、农业为辅助的新型经济结构，走上了经济振兴的道路。

"最早我们是做线圈，两三年之后就没做线圈了，开始做铝合金等其他产品。"赵秀琴说，随着工厂发展壮大，虽然上屋本地女工相继离开，但越来越多外地打工妹来到工厂工作。据悉，1988 年，怡高厂将需要脚踏、手摇等手工操作的简陋设备，换成了机械化设备，实现了半自动化生产，生产的产品也从单一的吹风机扩展到咖啡壶、多士炉等数十种家用电器，每年上缴利税 2000 多万元人民币。1989 年，工厂更名为"上屋电业（深圳）有限公司"，1996 年，怡高厂安装上了第三代自动生产线，产品配件随着流水线转动，再由工人进行组装，实现了自动化生产。2003 年，怡高厂搬离宝安，并更名为全能电业科技（深圳）有限公司，企业不断转型升级，逐步走上高新技术发展道路。

怡高厂虽然搬走了，但其"三来一补"模式彰显的里程碑意义和第一批 25 名女工朴素的开创精神为宝安留下了永恒的印记和宝贵的财富。

2008 年 4 月 28 日，全国第一座以劳务工历史为题材的专题博物馆——深圳（宝安）劳务工博物馆建成开馆，该馆在原怡高厂旧厂房基础上改造而成，复原了三个不同年代的生产线、第一代劳务工宿舍及饭堂等场景，在有效保护怡高厂旧址的同时，活化工业文化遗产，传承改革开放精神。"深轻宝字 001 号"协议书、邮票、书信、老照片、边防证、暂住证、家书、收音机等 900 余件（份）劳务工史料及文物标本陈列馆中。2010 年 9 月，该博物馆被评为宝安区文物保护单位。

7 月 19 日，因采访拍摄需要，赵秀琴应邀再次来到劳务工博物馆，看着旧场景、老物件，一幕幕当时的工作场景、一个个在流水线奋斗过的年轻面庞在她脑海中浮现，虽然不善言辞，但她依然兴奋地介绍着那段无法复刻的青春岁月。

一个时代悄然离去，另一个崭新的时代又奔涌而来。走进新时代的宝安，依靠低要素成本吸引外资的优势逐渐消失，宝安"三来一补"企业或关停，或进行智能化、数字化转型，宝安也正朝着加快建设世界级先进制造业强区目标迈进。

2021年以来，宝安规上工业总产值接连跨越八千亿元、九千亿元两个大关，2022年达9517.74亿元，位列全国工业百强区第四。深圳20大战略性新兴产业集群中，宝安有13个集群增加值位于全市前三，其中6个雄踞全市第一，是深圳乃至粤港澳大湾区战略性新兴产业和未来产业最具分量的发展主阵地之一。最新"出炉"的宝安2023年经济"半年报"显示，2023年上半年，宝安规上工业增加值1049亿元，总量占全市的21.1%、全市第一，同比增长4.8%，对全市增速贡献率达25.7%；规下工业增加值81亿元，总量全市第一，增长3.5%，实现规上工业和规下工业增加值总量全市"双第一"，宝安作为深圳工业"基本盘"的核心支撑作用愈发凸显。

平凡的宝安人创造非凡历史

一代人有一代人的使命，一代人有一代人的跨越。

作为全国首批"三来一补"企业的首批女工，赵秀琴和其他24名同村姐妹朴素而平凡，平凡而伟大。在对赵秀琴进行访谈时，她说着带有浓厚客家口音的普通话（石岩本地人为客家人，讲客家话），聊起当年进厂打工的岁月，只是平铺直叙地回忆，没有任何"高大上"的词汇和包装。然而，正是这种乡音未改、朴实无华的表达，反而让人更生敬佩，感受到那股无比强大的平凡的力量——人民群众是历史的创造者，深圳"三来一补"、宝安工业制造的历史，就是由这些看似不起眼的平凡的宝安人，在日复一日的不声不响、埋头苦干中创造！

40多年前，宝安"三来一补"企业工人踏实勤劳，成为改革开放后，宝安实现第一次崛起跨越的重要参与者、见证者；40多年后的今天，"三来一补"虽已成为历史，但是，在这片400平方公里土地上，在传统优势产业、装备制造业、电子信息产业、战略性新兴产业，新时代的宝安人正创新实干，接续奋斗，为宝安实现再一次跨越抢抓机遇，积攒能量，乘势而上。

这样的薪火相传，生生不息！

我参与建起宝安第一座变电站

———————————— 人物简介 ————————————

钟照明，1941年6月出生于广东省宝安县贫农家庭，1964年参加工作后参与东莞塘厦至石岩变电站建设。1966年6月至1985年4月，任宝安县西乡公社供电所所长。1985年后，在宝安县供电局工作，任人秘行政股长、工会主席、党支部组织委员；1993年4月至2001年6月，在深圳市农电总公司下辖机构担任营业班长、政工师。2001年7月退休。工作期间，多次获得省、市、区级先进生产（工作）者、优秀共产党员等荣誉称号。

口述时间：2023 年 6 月 2 日

口述地点：南方电网深圳宝安供电局

采　写：何艳

摄　影：柯振涛

钟照明：我参与建起
宝安第一座变电站

我叫钟照明，土生土长的宝安人。从我的名字"照明"可以看出，我和电力有着很深的缘分，我的一生绕不开"照明"，一辈子都在和电力打交道。

和电力结缘

20 世纪 20 年代，电力进入（深圳）宝安。当时的宝光电灯公司，仅有一台燃油发电机，供南头镇大新街照明用电。1949 年新中国成立后，深圳的电力发展缓慢，仅靠个别电厂及发电机提供电源。以 1951 年 5 月投产的南头电厂为例，当时用的原动机是 112 马力的柴油机，发电容量 75 千瓦，发出的电力供给县城、墟镇、街道照明和农副产品加工。

当年的罗湖东门老街一带有电厂发电，每到晚上 7 点 30 分到 9 点 30 分，电厂开始发电，那一带称得上灯火通明，各种小摊贩都来摆街，好不热闹，但深南路从解放路口往西就是一片漆黑。

有电力照明就意味着光明、意味着繁荣热闹，对于当时只能用油灯照明的西乡公社来说，电灯的吸引力是巨大的。特别对我们贫农家庭来说，更是遥不可及。

我们都没见过电灯是什么样，但我的父亲是地主家的长工，在地主家帮忙的时候，听人讲过电灯的神奇之处。"'啪'一声，全屋变得一片光明。"父亲对电灯的向往，对光明未来的向往，都寄托在我这个幺儿身上，于是我出生后给我取名"照明"，希望我能通过努力，走出破旧的小屋，如电灯的光一样，照亮自己

20 世纪 80 年代 220 千伏主变交接试验现场（南方电网深圳宝安供电局供图）

的未来，也照亮这个贫苦的家。遗憾的是，我出生不久，父亲就因劳累过度离世了。关于我名字的来历，还是后来我母亲告诉我的。

因为贫穷，我家里只有一盏小油灯。油灯下，母亲总是借着微弱的亮光缝缝补补，眉眼间充满慈爱。那时我就下定决心，一定不能辜负父母亲的期望，要靠努力闯出一片"光明"，让家人可以用上电灯。

机会终于来了。

那是 1959 年 9 月，我刚满 18 岁，中学毕业。宝安县人民政府要选送一批 16 岁至 20 岁的贫下中农骨干到广东省水利电力厅、新丰江大型水力发电站和广东南水水力发电站学习和工作。由于我中学成绩优秀，又是贫农身份，幸运地被选上。报到的那一天，我清楚记得，乡亲们给我戴上大红花，敲锣打鼓把我欢送到宝安县人民政府。我们在县人民政府门口的人民英雄纪念碑前宣誓，下定决心要好好学习，学好技术为人民服务，回报家乡的父老乡亲。

从此，我和电力结下一辈子的缘分。

参与建设宝安县第一座变电站

1962年10月，三年学习期满，经过考核，我获得一级技工称号。当时摆在我面前的有两个选择，一是留在省里，一边进修一边工作，发展前途好；二是回到家乡，从零开始参与家乡电力建设。因为我考核成绩突出，很多前辈老师都劝我留在省水利电力厅，但一想起出发前在人民英雄纪念碑前的声声宣誓，想起老屋里油灯下母亲的身影，我义无反顾地选择回到家乡。

1964年，宝安县水利电力局和原宝安县松岗公社筹建10千伏线路，从临近的东莞长安公社引入省网电源。这是家乡建设的一件大事，是电力建设的里程碑，我满怀热情地投入这个大建设工程。

从现场踏勘、画图设计、编制初设文本到项目施工、建设等，我一一参与其中。印象最深刻的是，那时都是土路，路不通，车开不了，加上宝安县经济落后，又确实没有足够的车辆搬运施工建材，我们就靠人工搬运建设材料。我和架线的电工们肩挑背扛，抬着木电杆，从东莞出发，深一脚浅一脚地往石岩挪，一个电桩一个电桩地建。日晒雨淋，日夜不停，手上、肩上都是血泡。但所有人都不觉得累，反而充满干劲。那股劲我到现在都还记得。

在建设过程中，我们的钢筋、水泥都用完了，这些当时都是由省里统一调配的。怎么办？工程耽误不得。为了能早日将变电站建成投用，由于我有在省里学习过的经历，上级安排我和另一名工人上广州，向省水利电力厅提交申请。接到任务的第二天，天没亮我们就出发了，从石岩一路走到罗湖，再从罗湖坐车到广州，在天黑前见到了省厅驻广州办事处负责人。该负责人对我们说，钢筋、水泥都很紧俏，很多县、公社都在大建设，挪不出来了。我们一听，一致认为在这样的建设风潮下，建筑材料只会越来越紧张，如果这次没有争取到足够的钢筋、水泥，以后就更难了。于是我们和那位负责人讲明了宝安县建设首座变电站的重要性，关乎全县人民的用电需求，不能再拖、再等。在我们的陈情下，负责人终于松了口，答应帮忙想办法，让我们回去等消息。没完成任务，我们哪敢走？为了节约路费，晚上我们也没去住招待所，就在办事处门口打地铺，这样一睡就睡了三晚。直到在广州的第四天，负责人给我们带来了好消息，将给我们协调一批钢筋、水泥，能保障变电站的顺利建设。

从广州回来后，因为材料充足，变电站的建设加快了。等到变电站建成投运后，上级安排我到西乡供电所工作，担任供电所所长。我虽然离开了乌石岩变电站的生产一线，但依旧关注着它的发展。1965年8月，宝安县第一座35千伏乌石岩变电站建成投产，首条输电线路东莞塘厦至乌石岩落成送电，全长24公里。

这意味着，我们宝安县有了真正意义上的变电站，正式用上电网电，宝安县人民告别油灯的日子要到来了。

"西乡通电了！"

点火水灯（又叫煤油灯）、点蜡烛是当时西乡公社社员最普遍的照明方式，家家都有一盏或者几盏小油灯。忽明忽暗的灯光，照出了庄稼人的艰辛，也照出了日子的亮光。

1966 年 6 月，我到西乡供电所工作时，西乡公社的电力还是一片空白。万事开头难，边干边摸索，为了早日让社员用上电，我一个乡一个村地实地调研用电情况。我发现，由于缺少电力，

1985 年水贝变电站全貌（南方电网深圳宝安供电局供图）

公社的工业基础很薄弱，经济发展不起来，社员的收入水平低，生活比较艰难。因此，在向公社党委汇报工作时，我提出了工作目标：社员要富起来，经济要发展，电力要先行。

得益于乌石岩变电站的建成，我们计划从乌石岩变电站引入一条输电线路到西乡。经过前期调研，最终确定引入一条10千伏的线路。由于我有建设乌石岩变电站的经历，在确定牵电线方案后，我就带领所里的电工和一些热心社员，一个电杆一个电杆地修，一直到我们公社门口。"西乡通电了！"现在看来，10千伏的电线细细的、轻飘飘的，但当时却承载了我们全公社用电的希望。

"有人住的地方就要通上电！"仅公社能用电还不够，我们提出新的工作目标——开展全民办电，首要的是建立一支电力队伍。由于当时电力不普及，社员对电的了解不多，为争取支持，我和供电所里的工作人员想了很多办法，从县政府到公社党委，从各乡到自然村，一个村一个村地跑，讲解电力发展的重要性。有些社员认为牵电线影响农田耕作，甚至有的人认为孤零零的一根电线杆影响风水，因而拒绝拉电线，我们吃闭门羹是常有的事。但为让更多社员参与到全民办电的工作中来，我们只能脚步不停。功夫不负有心人，全民办电得到了宝安县政府和西乡公社党委的大力支持，很快，各乡、村就选派出一名兼职农村电工，组建成立办电小组。

队伍组建起来了，趁着农闲时，输电工作也要马上开展。西乡公社供电所将高压10千伏的输电线路送到各乡村门口，各乡、各村、各户把用电设备找电工装好，符合安全标准即可验收合格。

"我家用上电灯了！"这是我们挨家挨户上门查电表时，听到的最开心的话。这也是西乡从煤油灯到电灯的历史转折，非常值得铭记。

难忘奋斗岁月

虽然西乡公社用上了电，但缺电现象还很严重，"开三停四"是常有的事。每家每户都要常备蜡烛，因为不一定什么时候就会突然停电。就算如此，在当时的西乡公社，我们还优先保障了工业用电的使用，保证经济的发展。

1988年5月26日，在西丽留仙洞村一隅220千伏西乡站投产。图为当时站内唯一的交通工具（南方电网深圳宝安供电局供图）

受制于技术原因，我们没有壮观的铁塔，每当要开展检修工作时，我们都要扛着长长的绝缘操作杆，甚至爬上一二十米高的电线杆进行操作。供电局人手不多，不管是挖坑、扛电缆，还是拉线，所有的工作都要我们自己身体力行。但我们从不喊苦喊累，因为我们知道，有电的地方工业才能发展，经济才能发展，人民才能过上好日子。当时的情况是，哪个村重视电力发展，哪个村的经济就发展得好。固戍、上合、翻身、黄田等村就是当时的用电大村，这几个村的经济就上来了。

1980年以前，我除了担任西乡公社供电所所长外，还兼任了西乡公社支部委员、民兵营长等工作。工作很杂也很多。特别是以前用的电缆叫作油浸纸绝缘电缆，容易发生热胀冷缩，一缩就

南方电网深圳供电局第一座500千伏深圳变电站站容（南方电网深圳宝安供电局供图，摄于1998年）

进空气，从而引发故障。因此，那会儿无论是用电高峰还是用电低谷，我们不是在抢修就是在抢修的路上。除了要管供电线路设备的运营维修外，用户家里的线路、家用电器的故障等，我们都要管。

1979年3月，宝安撤县建市。同年8月，深圳供电局正式成立。1984年初，宝安（县）供电局（负责当时宝安县的供电服务，挂牌名称为宝安供电局）成立。1985年，我从西乡供电所到宝安（县）供电局工作。此后，我就一直在供电一线，直至2001年退休。可以说，我与电力打了一辈子交道。

回望当初那个仅拥有6条35千伏输电线路和1条110千伏输电线路的边陲农业县，到如今全市供电负荷密度居全国内地之首，接近世界负荷密度最大的纽约、东京等城市，深圳电力发展迅速。难忘在电力系统的奋斗岁月，我为我在电力系统工作一辈子而自豪，为自己没有辜负父母亲期望而欣慰。

采访手记

择一事终一生　为人民电力奉献一生

夜幕降临，华灯初上，漫步宝安湾，摩天轮流光溢彩，宝安在灯光的映衬下显得格外迷人。

这是宝安的"寻常"一景。电力普及之下，灯光成了城市的基础设施，灵动多变、绚丽多彩的灯光点亮了宝安、深圳的每一夜。

但这份"寻常"来之不易。从只有一座电站的艰难起步，到现代化国际都市的霓虹闪耀，深圳已逐渐发展成为全国供电负荷密度最大、供电可靠性领先的城市。

"我为深圳供电的高速发展感到骄傲，为自己奉献一生的事业感到自豪。"白衬衫，灰色长裤，胸前别着"光荣在党50年"纪念章，80多岁的钟照明精神矍铄思维清晰。他非常重视这次采访，在接到采访通知时就开始准备资料、翻找老照片。钟照明说，自己一辈子没有什么特别大的成就，最值得骄傲的，就是加入中国共产党，听党话跟党走，为人民电力事业奉献一生。

"择一事而终一生，只要我能把这一件事真正干好，这辈子就值了。"一个人只要心中有了信仰，就会拥有超越一切的勇气，而勇气正是逆境中绽放的光芒。在事业发展、人生抉择面前，钟照明有过犹豫，但终因内心对电力的热爱、对家乡人民的承诺和父母亲的期望，义无反顾地做出了坚守电力一线的决定。

采访结束时，钟照明和采访团队一一握手致谢。"谢谢你们愿意听我讲我和宝安电力的故事，这一段经历能够被记录下来，是对自己、对宝安的一份交代。我愿意贡献所有的余热去为宝安电力添彩。"钟照明说。

陈玉仁

骑着单车接外商
翻山越岭谈投资

人物简介

陈玉仁，1935 年出生于中国香港，1943 年至 1950 年，先后就读吉溪新民小学、横岗小学、惠侨中学、平岗中学。1951 年至 1984 年，先后在宝安县税务局、宝安县委组织部、宝安县委农村部、宝安县文化局、惠阳地区专员公署外经委、惠阳地区驻香港办事处、广东省对台办公室等部门任文书、干事、科长、副部长、局长、副主任、主任等职务。1984 年至 1991 年，调入国务院侨务办公室，并外派香港中旅集团公司任董事兼贸易公司、千鹏公司总经理，同时还兼任深圳华侨城康佳电子集团第二届董事长。1991年下海，办工厂建果园，过乡村田园生活。

口述时间： 2023 年 8 月 26 日

口述地点： 龙岗区简一村

采　　写： 高山

摄　　影： 李秉蓉

陈玉仁：骑着单车
接外商　翻山越岭
谈投资

我 8 岁就来到深圳，当时的深圳市还是宝安县，16 岁时在宝安参加工作。在宝安工作的 33 年，我见证了由宝安县到深圳市的改革和发展，也参与了其中多项工作。时至今日，看到这座城市欣欣向荣向上生长，就如同看到了过去我们奋斗的日子。

在 20 世纪 60 年代宝安开展对外开放时期，"小额贸易"及"三个五"这些灵活边境经济政策的提出和实施，切实解决了边远地区人民群众在恢复和发展生产中必须解决的问题，渡过了生活困难期，促使宝安经济形势很快好转，进一步调动了群众的生产积极性。

"小额贸易""三个五"为深圳发展外贸奠定了基础

1935 年，我出生在中国香港。16 岁，也就是 1951 年，我就参加工作了，当时是在宝安县税务局。1953 年的时候，我到县委组织部工作。1955 年，我加入了中国共产党，这是个特别重要且令人兴奋的事情。1956 年我到宝安县委农村部，担任副部长。我可以说是"老宝安人"了，在这里长大、工作，参与了宝安建设的大部分工作。回忆过去，还是有很多难以忘怀的故事。

与今天不同，20 世纪 50 年代的生活，还是很苦的。当时的深圳就是宝安县城，一眼望过去都是破旧低矮的房屋，很多人忍受不了艰苦的生活，就逃去香港了。宝安和香港也就一河之隔，但是那边的经济、生活条件要比这边好很多，所以宝安历史上也发生过几次较大规模的"逃港潮"。

经济差，人就逃，人越逃，经济越差，因为劳动力都走光了。我那个时候是农村部副部长，我们整个部带着几个资料员，通过电话日夜不停向乡镇、公社了解农情，因为解决逃港问题迫在眉睫。1959年5—6月，时任广东省委第一书记的陶铸来宝安考察，时任宝安县委第一书记的李富林向陶铸汇报了经济极度困难，以及边境偷渡屡禁不止，依靠军队也解决不了问题等情况，并向陶铸反映一些边防群众到香港度荒的同时偷带油糖回来，对于帮助解决极度的生活困难起了很大作用。

当时，宝安一个农民一天的平均收入是7角钱左右，而香港农民一天的收入，平均为70元港币，两者间相差近100倍。当地流传的民谣唱道："辛辛苦苦干一年，不如对面8分钱。"

李富林建议，能否放松边防管理，让群众带些油糖副食品回来渡过这个难关。陶铸说可以，这样总比饿肚子好啊。9月，陶铸又一次来到宝安，李富林向陶铸汇报说，边防群众去香港光花亲人的钱也不好，我们能否出口点小商品去换取外汇。野花、草蜢、鲜鱼、稻草等出口，既可以解决人民群众的生活问题，又可以提高收益，一举两得。这个想法得到了陶铸的同意后，宝安开始放松边防管理，群众从香港自带东西回来度荒的也渐渐多起来。

这也是宝安发展"小额贸易"的前奏。1961年8月13日，宝安召开边防工作会议，这是对宝安对外开放历史具有深远影响的一次非常重要的会议。会上作出全县大开放，与香港发展"小额贸易"的重要决定。第一步，先开放沿海一线的大鹏、葵涌、横岗、沙头角、布吉、深圳等14个公社和沙河农场。第二步，

1974 年的香港关口（宝安区档案馆供图）

开放坪山、坪地、龙岗等 8 个公社。同时，开放南澳、沙鱼涌、盐田等 13 处口岸，作为"小额贸易"和非贸易进出口特定地点。社员可以向香港出售瓜菜、生果、鲜鱼等物品，换回副食品、煤油等必需品。灵活边境经济政策的提出和实施，促使宝安经济形势很快好转，推动农业生产得以较快发展。

但是好景不长，1961 年广东省要求宝安县收缩"小额贸易"政策。于是，宝安于 1962 年 3 月 14 日开始对过境耕作农民携带入境的物品，实行"三个五"的规定，即每月限 5 次，每次重量不超过 5 公斤，物品估值人民币 5 元以内的，免税放行。

"小额贸易"及"三个五"这些灵活边境经济政策的提出和实施，使得群众生活有了改善，生产关系得到了稳定，逃亡也减少了，甚至有相当一部分逃亡群众已逐步归来。这场短短的开放实践，也让我们广大干部群众意识到，只有开放才有出路，这为以后深圳发展外贸奠定了良好的思想基础。

洽谈办最开始只有我们4个人，后面发展成10多个人，慢慢地变成20多个人，最后一共有30多个人。

有时候一人每天接待30多个客人，还要整理资料，根本忙不过来，有些客人甚至要等上几天。可以说，那个时候的洽谈办是深圳工作最繁忙的一个部门。

洽谈办发出深圳对外开放的先声

都说蛇口炮台一声炮响，深圳改革开放（开始）了，但事实上哪有这么简单？党的十一届三中全会提出以经济建设为中心，实行改革开放，那时大量的港资和台资进入深圳，这是一个难得的机遇。

说起来，深圳的改革开放和香港密不可分。1978年的时候，都在提把宝安县建成具有相当水平的农副产品出口基地和工业加工基地，建设成为吸引港澳游客的游览区，成为新型的边防城市，这就是我们那个年代提出的"三个建成"。不久后，国务院就批复了关于宝安、珠海两县外贸基地和市政建设规划设想的建议，这样宝安发展外贸就有了政策层面的支持。

与此同时，宝安撤县建市的工作也提上日程。1979年3月5日，国务院正式批复设立深圳市。"三个建成"也成为特区建立承上启下的一个重要铺垫。一方面，"三个建成"有效防止了"逃港潮"的进一步扩大；另一方面，为深圳改革开放，发展对外贸易进行了铺垫。

既然要开放，外贸肯定是首当其冲。深圳在1979年得到中央授命试办"出口特区"，于是深圳把原出口基地办公室改为对外经济技术联络办公室，深圳市革命委员会主任贾华兼任主任，三个副主任分别是林中平分管农业种养，何耀分管工业建设，另一个就是我，我当时在宝安县文化局任局长，就被调去深圳市对外经济技术联络办公室当副主任，分管办公室，负责招工、后勤、接待等工作。这个部门专门负责和外商谈判，开始引进外资、港资，创办"三来一补"企业和"三资"企业，也叫"洽谈办""对外经济办""引进办"，外界起了特别多的称号。

对外经济技术联络办公室也是深圳速度的体现，我记得用了不到半个月的时间就成立了。但那个年代还是穷，对外经济技术联络办公室成立了却没有地方落脚，最后选址在深圳戏院。当时，罗湖区和宝安县各个公社都要派干部驻在这里，负责把外商、港商和项目带回去，发展各个公社。

这么多年过去了，我仍然对那段时光记忆犹新。当时洽谈办条件很艰苦，办公环境也很简陋：地上铺着棕色的粗毛地毯，屋里装着一台空调，墙上挂着一张闪着亮光的大白板，小矮桌上有一台外商赠送的电视机。深圳又是海滨城市，一到梅雨季节，一下大雨屋顶就漏水，大家就穿着雨衣，卷起裤腿继续工作。印象最深的是我们连凳子、台灯都没有，于是就用竹子做了一批凳子，凳子比较粗糙，还有钉子，有一次外商来谈判，坐在我们的凳子上，把人家的裤子都划破了。后面，有个香港的朋友装修他香港的公司，把一批闲置的办公用具送给我们，我们的办公条件才得到了一些改善。

条件虽然艰苦，但是大家干事的热情却分毫不减。刚开始的时候，外商、港商还不太多，随着一些政策的出台，越来越多的外资、港资开始涌入。通常早上七八点就开始工作，到了晚上 10 点关闸，我们才能停下手头的工作。

那个时候政府也没有经费购买交通工具，交通也不是很便利，我们骑单车或者是坐公共汽车去口岸接人，看投资场地时，

深圳戏院（深圳报业集团供图）

还要翻山走小路，工作还是挺辛苦的。外商来了，需要翻译沟通时，我们就请海关的翻译人员帮忙。

开先河创办国内第一家广告公司

洽谈办确实招引了一些外商、港商来深投资，是深圳对外开放的一个先行窗口。洽谈办成立期间，深圳引进了第一家世界500强企业，也是首批进入中国内地的跨国公司——百事公司，还有各类养殖业企业，对深圳改革开放初期的外贸发展起到了一定的推动作用。

洽谈办成立后，在很短时间内就引进了大批"三来一补"企业。那个时候，我接待了一个来自香港的商人，带他去罗湖等地考察了很多工厂，有皮鞋厂、制衣厂等，后面这位商人在深圳一共开了7个工厂，还创办了深圳第一家中外合资酒店竹园宾馆。深圳慢慢赢得越来越多外商的青睐，再加上我们日常走访工厂，我了解到工厂需要推广产品的需求，意识到光是靠对接，吸引外商来投资是不够的，要想更好更快地发展，我们一定要跟上时代发展的步伐，我们要将产品推销出去，要有宣传，要与国际接轨。

于是我找到宝安县群众艺术馆美工黄鹏，希望他能创办一家广告公司。为什么找黄鹏呢？因为之前我在宝安县文化局当局长的时候，黄鹏是我的下属，他是搞美术、搞创作的，我知道他对这方面的东西有思考、有想法。于是我把我的想法告诉了他，但是后面，我因为工作变动，就没有参与黄鹏创办广告公司的具体事情了。

我听说当时的文化局也非常支持，就以文化局的名义向有关部门呈递申办广告公司的报告。当时的市委第一书记吴南生和分管文教的市委书记黄施民一起看了黄鹏的作品，也支持他，申办报告顺利审批下来。

当时，他们在深圳戏院观众休息室里摆上一张旧办公桌，从市群众艺术馆借出两名能绘画、会写美术字的职工来做帮手。

后来，在罗湖火车站东广场、华侨旅行社北侧以及和平路一带，出现了由深圳市美术广告公司制作的第一批广告牌。这批广告牌，以其精美的画面、绚丽的色彩和健康的格调，介绍了北京同仁堂的中成药、深圳市保险公司和香港交通银行的业务，以及美国百事公司的饮料等。这就是中国改革开放后第一批商品广告，这家深圳市美术广告公司是中国第一家广告公司。

从1979年成立到1982年，我在洽谈办待了3年多时间，我们一群人从没有经验，到一步步摸索，研究了一条又一条发展对外贸易的"新路子"。在我看来，洽谈办是深圳改革开放的一个非常重要的窗口，对深圳的招商、外贸工作起到了非常大的作用。

之后我就被调至其他岗位工作，直至1997年香港回归，我又重新回到了深圳。今天的深圳、宝安城市面貌焕然一新，城市配套一应俱全，人们生活幸福。过去的宝安县，现在是宝安区了，宝安位置很好，交通也很便利，有机场、有港口，对面就是香港，发展外贸经济，宝安有得天独厚的优势，一定会越来越好。

采访手记

既是见证者也是参与者

我们一行刚走进陈老在龙岗的住所，他已站在门口等待，见面握手，陈老说："你们终于来啦！"今年已经 89 岁的陈老依然神采奕奕，精气神十足，热情地招呼我们进屋。

坐下没多久，陈老就开始与我们讲述他在宝安工作的那段时间。这段 30 多年的时光，不是几次采访就可以说清楚的。从 16 岁在宝安入职，一直讲到他去香港工作，一件件事情在陈老的叙述下，仿佛时代的画卷在我们眼前铺开。

谈起在洽谈办的日子，他满怀激情；说到一些历史事件时，他又满怀遗憾，泪水浸湿了眼眶；提起一些同事和朋友，他都能一一点出姓名，细致生动地还原过去。

临走时，陈老将他自己所著的《故乡情怀》以及《标叔与我们同在》两本书赠予我们，前者记录了陈老从香港回到深圳后的点滴往事，后者则是与陈老一起在宝安工作的好友的回忆录。

如今，陈老经常和家人、朋友在深圳小聚，去周边公园、景区走一走、逛一逛，尽享优美的生态环境、四通八达的交通，看着拔地而起的高楼、感受着欣欣向荣的发展，他总会想起之前与同事在这里工作的场景。"现在年轻的一代生活很好呀。"陈老总感叹，"城市生活品质、环境品质、人文品质等不断提升，是百姓获得感幸福感显著提升的真实写照，也是努力把宏伟蓝图变成美好现实的生动缩影，更惠及了每一个生活在这片土地的人。"

除此之外，他口中还有念念不忘的宝安父老乡亲，他说："希望能通过你们这个平台，向宝安的父老乡亲们问好。我很想念大家，也非常怀念我们那段奋斗的日子。"

30 年"村官"敢为人先
率先探路农村股份制

人物简介

潘强恩，1944 年 9 月出生，中共党员。曾任万丰村党支部书记、万丰（集团）股份有限公司董事长。曾获"全国乡镇企业家""全国劳动模范"等称号。1981 年底始任万丰村党支部书记，率先进行股份制改革，提出"共有制理论"，自创"万丰模式"。现退休在家，有著作《社会主义共有制论》《中国现代史演义》，长篇小说《新桃园梦》《浴血青山》等。

口述时间：2023 年 8 月 18 日

口述地点：宝安区新桥街道万景楼

采　写：胡小娟

摄　影：陈文韬

如果从1976年算起，到2005年退休，我在万丰当了30年"村官"，经历了许许多多的事，有些至今记忆犹新。当时经历的大逃港潮，逼着我们发展经济寻找出路。在改革开放的大潮中，我和我的伙伴们用自己的汗水与智慧把一个贫困落后的万丰村打造成闻名于世的"中国十大名村"之一。

我深爱着我的家乡，把自己的青春年华乃至全部精力都献给了家乡的土地和人民。从1976年11月我当选"村官"到2005年从位子上退下来，这30年，我一直在探索中国农村发展道路，而这探索的过程，也是我在万丰村创业的历程。

刮起"外逃风"　贫富悬殊引发逃港潮

万丰是典型的单姓村，本村人99%以上都姓潘。村名原为邓家葾，后改为万家葾。合作化时期又改为"万丰村"，意喻"年年丰收，永世兴旺"。万丰村是个大家族，老祖先从南宋末年迁徙过来。我们以村为依托，往外发展开拓。在20世纪80年代之前，万丰村跟全国其他农村一样是个穷村，村民纷纷逃往邻岸的香港。尤其是20世纪70年代末的逃港潮期间，万丰村是浪潮中的典型部分。

1977年夏天，宝安县刮起外逃风。正逢香港大规模地发展经济，开办了许多工厂，需要大量劳工。由于在香港很容易找到工作，邻近香港的宝安、东莞地区，青壮劳力纷纷外逃。沙井许多村，特别是蚝业村和东风村，他们有船只，可以通过出海作业很方便就逃到香港。只要能逃到香港，港英当局就发给他们身份

1980 年引进港万丰公司（受访者供图）

证。由于万丰长期以来与沙井有联姻关系，彼此是亲戚，在他们外逃时，也把这些亲戚带上了。这样，在万丰大队也掀起了一个外逃高潮。

说实在的，香港的诱惑实在太大，当时香港的水泥工，一天就可以拿到上百港币的工资，缝衣工可以拿到七十多港币的工资，而我们生产队一天只有一块多，折合港币也才三元左右，差距实在是太大了！

说到大逃港，在 1961 年时因为日子艰难，万丰村有 32 人逃港。究其根本，逃港的原因都是因为贫困。当时在单一集体经营体制下，集体体制缺乏有效的激励机制，公社的管理体制束缚了农民的生产积极性，农民被控制在各个生产队之中，剩余劳动力被捆绑在集体耕作的土地上，非农经济缺乏发展空间，因此，难以摆脱贫困落后状态。

一般年景，万丰村人均分配（年）100～150元，每日工分值大概0.5～1元。1977年，万丰大队总收入不到63万元，除去生产成本，社员人均151元。这一年，万丰村遭受洪水洗劫，水退下后必须用盐洗井，可是2000人的万丰村竟连买盐的15块钱都拿不出来，只好向各户硬性摊派。1978年，算得上风调雨顺，是万丰村历史上最好的年景，全村总收入也只有64万多元。其实，这个条件已经比那些更贫困的村落好一些了。我总是想，我们为什么总富不起来呢？问题到底出在哪里呢？

解放生产力　让万丰村的"水位"跟得上香港

从1978年3月开始，万丰村的男女青年每晚一伙一伙地泡在万丰鱼塘、石岩水库、求雨坛水库里苦练游泳技术，以备偷渡。不到两年的时间，万丰村民采用乘船、泅海或利用大雨、台风之机从陆上逃至香港的就达到了1200人，其中1979年逃港的有320多人，占全村劳力的50%以上。由于劳力大量流失，有4000亩土地被抛荒了。金秋八月，沉甸甸、金灿灿的水稻烂在田里无人收割，附近的村庄里几乎难以见到15至35岁的青壮年。

记得那个时候，内地经济同香港差距巨大。干同一份工作，在内地的收入仅为香港打工者的几十分之一甚至百分之一。大量老百姓逃到香港，他们只是试图获得更好的生活。

1978年12月，党的十一届三中全会召开。1979年7月，中共中央、国务院批准先在广东的深圳、珠海两市划出部分地区试办出口特区，后定名为"经济特区"。

于是，万丰人迎来了改革开放的春风。1980年春，万丰实行家庭联产承包制，释放了压抑的生产力，两三年村内就出现了300家"万元户""专业户"，温饱问题得以解决。随着深圳经济特区的建立，香港与内地经济联系的加强，我看到的是万丰村正逢前所未有的发展机遇。到了20世纪90年代中期，万丰村结束了农业生产的历史，初步实现了工业化和城镇化。

当时还有一个小插曲，深圳市宝安县有了优惠政策，允许深圳特区居民和沿海农村居民用农产品搞小额贸易。万丰村由于沙井沿海关系允许搞小额贸易。大队派我们去香港购买运输船只，价钱10万元，用于小额贸易。于是，我在香港见到了万丰村的"移民"。这些当年的公社社员有的在当打工仔，有的当了工头，有的攒下一些钱当了小老板。我问他们的收入，打工仔说一天有七八十港元，工头说每月六七千港元，而小老板则含蓄地说："不多，一个月万把块钱吧。"

我对他们说："现在改革开放了，有好政策，回万丰去吧！"没人动容，因为他们知道，当时万丰一个壮劳力干一天的收入是1.5元人民币。我当"村官"之前是村里的医生，想在香港谋生并不难。我的医生朋友还反过来劝我："人往高处走，你何不留港？凭你的本事，我保证你每月能挣四五千港元，不过几年就变成了富翁！"可我认为家乡的发展很有潜力，我说要回去，下定决心回去把万丰经济搞起来。

万丰水库源起凤凰山，虽然建起了一米多高的水坝，涨潮时水还是会溢出来。我很受启发，这里的"水位"，也与生产力一样，指的是人民生活水平。要解决逃港问题就要从经济根本入手，让万丰村的"水位"跟得上香港。

逼出来的出路　探索走出"万丰模式"新路

改革开放的政策加快落实后，深圳特区城市建设进入了规划施工阶段，引进外资成为头等工作。我1981年底当上党支部书记，上任后我敏锐地注意到，香港制造业的北移对靠天吃饭的万丰村是个难得的历史机遇。

万丰丝花厂（受访者供图）

20 世纪 80 年代初中期，正值香港经济转型期，劳动密集型的轻工产业和高科技产业借内陆开放之机，向沿海地区转移。像万丰村这样地理位置优越的村庄，正是港商选择的最佳地点。

可当时万丰村要发展企业，一无资金，二无技术，最大的优势是土地资源，只有把土地充分利用起来，才是唯一的发展出路。我们专程去学习蛇口招商局推行工业进村，我的思路是要把分下去的土地重新收回来统一规划，再招商引资"筑巢引凤"。

就在 1982 年 3 月，万丰大队引进了第一家港资加工厂，并在宝安县工商局注册，这个工厂的名称叫"顺利丝胶花厂"，生产加工塑料花和丝花，一下子解决了 200 多人的就业。

当时我看准了这条路，决定办更多的工厂，引进更多的外资，安排更多的村民就业。尝到了甜头后，万丰村开始主动出击

1992 年 1 月 2 日上午在人民大会堂举办研讨会（受访者供图）

香港工商界。经过多方了解，选择了颇有知名度的香港彩星集团作为谈判公司。于是我穿上西装，来到香港找资本家。在香港尖东一座豪华的写字楼里，我对面坐着拥有6亿资产的香港彩星集团主席。他发问："你们万丰集团有多少资产？"当时的万丰集团实际价值大概600万元，但我底气十足回答："一个亿！"对方点了点头，说："我不管你们实际价值有多少，但我有一个条件，要在半年内建成2万平方米的标准厂房，能不能办到？"虽然心里挺没底，但我毫不犹豫就答应了下来。

这次谈判的结果是厂方答应投资5000万元，要求万丰村提供最基本的物业——2万平方米的标准厂房，以及1600人居住的职工宿舍及"四通"等。万丰村干部要兑现自己的承诺，起码需要700万元资金。这对于初办工业的村庄来说简直是个天文数字，而这条被逼出来的路，让万丰村蹚出了一条深刻变革的新路。

率先"吃螃蟹"　乘改革开放春风推行工业进村

1984年，万丰人以敢为人先的精神，在全国农村率先引入股份制，组建了万丰（集团）股份公司。每位村民出资5000元入股，股份公司大建厂房吸引外资，厂租收成再分给村民，成为具有标志性意义的农村股份制改革。村民人人都是股民，一方面参加工作领取工资，另一方面又按股份分红。

彩星项目最终是万丰村干部用股份制办法在村民中集资25万元作为启动资金，建起了第一幢大型标准厂房，并通过银行贷款和其他集资方式陆续完成了必要的基础设施建设。6个月后，我们如期交付验收，就这样从香港首次请进了大型工业项目。自此，万丰进入了工业进村最繁荣的时期。

回想起来，我们先分田到户，再搞乡镇企业，通过重新征用工业用地，把征用的土地折价入股，变成了企业的股份。让农民人人都成了股东，在村里搞全民持股，使集体分配有了个人土地股的红利，进而进行股份合作制的试验。这样既解放了生产力，又免除了"大锅饭"的弊端，也抑制了两极分化。万丰人的收入和集体积累，以几何级数迅速增长。

从那时起，万丰前进的步伐，如同刹不住的车轮。鼎盛时期的万丰，与华西村、大邱庄、南街村齐名，号称"南国第一村"。香港亚洲电视台在黄金时间播放《万丰啥都有》的专题片，讲述万丰欣欣向荣的新变化。而前些年到香港定居的万丰人，他们说："早知家乡会搞得这样好，当初就不偷渡去香港了。"

担子重千斤　全凭度势明

万丰村的迅速发展，跟潘强恩密不可分。约见时电话那头声音亲和，记者终于见到这个名声在外的人物。适逢大雨，风雨中的万景楼透着萧萧静气，坐在轮椅上的老人很是慈祥。

虽近80岁，但潘强恩头脑清晰，桩桩往事用一笔笔数据印在脑海里。他不紧不慢徐徐展开万丰回忆录，脸上保持着若隐若现的微笑。那笑意就像是长在脸上，难怪有人说他像个笑口常开的弥勒佛。只要提到万丰，潘强恩眼里总透出光彩和骄傲。讲述回忆轻描淡写，过程却是几波几折，想必只有亲历者才知其中的惊心动魄。

一场逃港潮，逼出来一条"万丰模式"新路子。当年他从"赤脚医生"到"村官"，也面临仕或商的抉择。每一次选择，既有基于察时与观势的格局眼光，也有源于责任与担当的负重前行。潘强恩曾写过一首打油诗——"当官为众生，担子重千斤。教训知多少，全凭度势明。"

既是实干家，也是理论家。他的语言表达鲜活，不乏勃勃生机，拙与精巧妙融合。在潘强恩的身上，有一股农民的本真淳朴，夹杂儒生的书卷气，更有豪情万丈的侠义江湖气。既可亲近又不怒自威，也许这就是孔子说的君子有多面，"君子有三变：望之俨然，即之也温，听其言也厉"。

我们先行先试建起了
全国首批社康中心

人物简介

　　洪旺全，1948 年 7 月生于广东宝安，1968 年投身工作，1971 年成为中国共产党党员，2008 年 8 月退休。现任深圳市人口基金会会长。曾任原宝安县卫生局副局长、局长，深圳市卫生局党委副书记兼副局长、深圳市人口和计划生育局巡视员、深圳市政协第三届文教卫体委员会副主任等职。

口述时间： 2023 年 7 月 24 日

口述地点： 深圳市人口基金会

采　写： 罗裕昭

摄　影： 张彩玲

洪旺全：我们先行先试建起了全国首批社康中心

洪旺全在深圳的医疗卫生领域贡献卓著，他的坚守和努力为深圳市医疗事业的蓬勃发展奠定了坚实基础。在过去的50余年里，他与同道们共同推动了一系列改革和创新，为深圳市民提供了更高水平的医疗服务。

洪旺全在深圳的医疗卫生领域辛勤耕耘了半个世纪，见证了这座城市的飞速发展和医疗事业的巨大变革。他始终坚守初心，全心全意为人民服务，为深圳市民的生命健康保驾护航。在漫长的职业生涯中，洪旺全从未觉得疲倦或乏味。相反，他对工作的热情与日俱增，从中获得了无尽的快乐与满足。他坚信，努力工作是通往成功的必由之路，所有的付出都是值得的。他在2015年出版的著作《点滴集》中这样写道："在深圳工作了几十个春

20 世纪 80 年代，宝安开展疟疾防治工作（受访者供图）

秋，年近古稀，遥想工作时点点滴滴，犹如金秋拾穗，心中是满满的幸福和喜悦。我深感，努力工作是快乐的，所有的付出是值得的，我相信天道酬勤。"

洪旺全的成就不仅体现在个人的努力上，更离不开家乡淳朴民风的熏陶和养育之恩。这片热土孕育了他的成长，也激发了他为家乡人民服务的使命感。他时刻牢记自己的职责和承诺，用实际行动践行着对人民群众的关爱与奉献。洪旺全的故事不仅是对他个人奋斗历程的记录，也是对深圳市医疗卫生事业发展的生动写照，更是激励一代又一代的医疗卫生工作者不断前行的动力源泉。

乡村赤脚医生　奔波救急解难

1948 年 7 月，我出生于宝安县洪桥头村的贫困家庭，父母未受过教育，日子艰辛。在那个时代，医疗条件有限，寄生虫病、疟疾、麻疹、脑炎等多种疾病在农村地区肆虐，给当地居民带来了极大的痛苦和困难。其中，丝虫病是一种寄生虫病，感染率高，对人们的健康造成了很大的威胁。一次患病率统计显示，仅丝虫病在人群中的感染率高达约 10%。

乡亲们常常不自知患病，即便知道也对就医漠不关心，加之经济拮据，他们往往硬撑过去。见他们为疾病所困，我常想，如果我能成为医生，就能治好乡亲们的病了。我深知读书能够改变命运，机会总是眷顾有准备的人。在 20 世纪 60 年代，经过 8 个月的卫生专业培训后，我正式成为一名半农半医的赤脚医生，并被选派到县里的卫生宣传队，参与全县的疾病普查普治和群防群治工作。

在工作中经历的种种，让我深刻地认识到县内卫生状况和乡亲们所受的痛苦比我预想的更加严重。虽然已经过去了数十年，但我仍记忆犹新，那是一个清晨，一个村民腹痛难忍，痛苦至极。我无法明确诊断病症，想将其送往公社卫生院，但车辆无从寻找。在紧急情况下，乡亲们团结一致，这个乡亲搭把手，那个乡亲出把力，硬是用木板造的手推车，将患者送到了卫生院。抵达医院后，那里的医生还是无法明确诊断病症，于是，我们几个乡亲又再次接力，把腹痛的村民送到距离村子50多公里外的宝安县人民医院。抵达县人民医院时已是晚上快10点钟了。在乡亲们的团结互助下，患者经过医生诊断，被确定为阑尾炎穿孔，并接受了紧急手术。这次的经历不仅让我深感无奈，也将基层卫生服务的不足暴露了出来。

在那个时代，农村医疗资源匮乏，赤脚医生作为一种特殊的医疗力量，在改善农村医疗条件中起到了至关重要的作用。虽然成为赤脚医生，我仍然保持农民的本色，有病人就看病，没有病人就参与农活。村民们总是亲切地一声声唤我"阿全"，并未称呼我为医生。我这个赤脚医生与农民劳动在一起，生活在一起，能第一时间赶到病人家中为其医治。当时，最多的时候我一天看十几个病人。有时候，病人身体状况不好，难以离家，我就会主动上门；半夜出诊，刮风下雨都坚持及时提供医疗服务。总之，在那个年代，农民如果得了常见病、多发病，可以随时找赤脚医生，不需预约，不需挂号，不用往县城跑。单单就这一点，我便在村里得到了较高的评价和肯定，这让我倍感自豪，也更加发愤图强。

除了提供医疗服务外，我还积极投身于农村的医疗卫生宣传工作。我通过普及医学知识、推广卫生习惯等方式，努力提高农民的卫生意识和健康水平。我坚信，只有让农民真正了解和掌握卫生知识，才能从根本上改善农村的医疗环境。

在我的努力下，越来越多的农民开始摆脱封建迷信的束缚，相信科学、理性看待疾病。他们开始注重个人卫生和环境卫生，积极参与到各种卫生宣传活动中来。我们宣传防治疾病的知识，一起除蚊，一起劳动填水沟，一起推动疫苗接种等工作。这不仅有助于提高大家伙儿的健康水平，也为农村的医疗卫生事业发展奠定了坚实的基础。

筑起防疫屏障　创新打赢疟疾防控之战

在我国改革开放的浪潮中，我有幸成为一名赤脚医生，这是我人生中最宝贵的经历之一。1972年，我的努力得到了认可，我被选拔进入惠阳地区卫生学校学习临床医学。那段岁月里，我全心投入学习，积累了丰富的医学知识，为今后的职业生涯打下了坚实的基础。

1974年，我的努力得到了回报，我留校任教，并得到了进一步深造的机会，分别到了广东省卫生干部进修学院和省人民医院学习。那段时间，我深入研究医学，不断提升自己的专业素养，为更好地服务于人民群众做好准备。

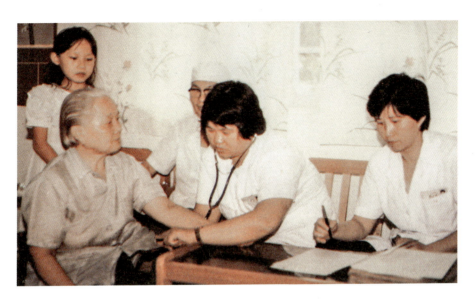

20世纪80年代，社康中心医生为居民建立家庭健康档案（受访者供图）

1978年，我的人生迎来了新的挑战和机遇，我从惠阳地区卫生学校调往宝安县卫生局（深圳建市后改为深圳市卫生局）工作，这是我回报家乡的开始，也是我职业生涯的重要转折点。

然而，当时的深圳正处于疟疾疫情的肆虐之中。疟疾，俗称"打摆子"，是一种由疟原虫引起的寄生虫病，主要通过按蚊叮咬传播。在20世纪80年代初，深圳经济特区建设初期，疟疾疫情严重威胁到了公共卫生安全，这无疑给特区的建设带来了巨大的压力。

面对这一严峻形势，深圳市政府迅速采取了一系列有力措施。首先，市政府召开疟疾防控工作会议，提出"要经济特区，不要疫区"的口号，明确了防控目标。其次，每年拨出30万元专项经费用于灭疟工作，为防控工作提供了有力的经济保障。此

20 世纪 80 年代，医院救护车出诊（受访者供图）

外，全市医务人员也积极参与到防控工作中，他们通过挨家挨户
地走访、宣传教育、免费发放预防药品等方式，有效地减少了疟
疾的传播。

经过多年的不懈努力，深圳成功遏制了疟疾的蔓延，摘除了
"疫区"的帽子，并建立起了一套科学、健全的防疫体系，为经
济特区的建设和发展提供了有力的保障。

在抗击疟疾的过程中，我还发现了基层医疗设备不足的问
题，大多数基层医疗单位仅有血压计、简易显微镜和东方红 X 光
机这三种医疗设备。从这个细节中，我深刻地意识到，医疗环境
的改善迫切需要政府资助与引进外部资源相结合。

于是，我开始尝试创新和拓宽思路，希望通过改善基层医疗设备，满足人民群众的医疗需求，提升基层服务水平。这也是我在职业生涯中一直努力的方向。我相信，只有这样，才能真正实现医疗卫生事业的发展，为广大人民群众提供更好的医疗服务。

创新模式破解看病难题　社康中心引领全国新风向

在过去，医疗资源有限，导致看病成了一个大问题，医院门诊拥挤不堪，就像菜市场一样。面对这种情况，我们一直在思考如何为市民提供更方便、经济、安全的就诊方式。虽然农村有卫生站，但在城市发展的情况下，这显然已经不再适用。因此，解

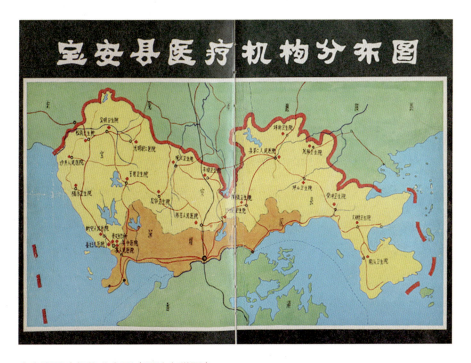

宝安县医疗机构分布图（受访者供图）

决城市居民看病难的问题变得至关重要。

在广东省卫生厅组织的北欧考察中，我们发现了一个令人惊讶的情况：欧洲城市医院门诊的人数寥寥无几，与国内的人山人海形成了鲜明的对比。经过深入了解，我们得知在欧洲，人们首先会在社区的健康中心就诊，而重病患者则由健康中心医生转诊至大医院。这一发现让我们深受启发，这不正是我们需要借鉴的创新之处吗？

北欧考察结束回到国内，经过一番深思熟虑，我迅速尝试引入社区健康服务中心的医疗模式，并起草了探索新模式的文件，提交给市政府讨论。同时，市政协委员提出了建立社区医疗健康服务体系的提案，这无疑也为我们积极的探索加上了"助推器"。

在当时，部分领导对"社康中心"的概念尚不清晰。"生病了，一个电话打到社康中心就有医生上门服务。"当我将其功能简明扼要地阐述为提供便捷的上门医疗服务时，引起领导们的关注。一位领导则分享了其在国外因腹痛社康中心及时上门开药的经验，强调了其高效性，这无疑也是对我的提议的小小认可。而更让我们感到振奋的是，那个时期正值国家致力于实现"2000年人人享有卫生保健"的战略目标之际，于是，在天时地利人和之下，市政府也给予了建设社康中心的提案积极的支持。

那个时候，我们面临两大挑战：谁来办？怎么办？我们大刀阔斧地推出了"院管院办"的考核规定，让市属7家医院各自开办一家社康中心，每个区也紧随其后，创办了两家。深圳就这样成为全国首个试点，迅速地设立了19个社康中心！

社康中心建起来了，但效果如何，说实话，我心里真没底。直到有一次，我在宝安西乡镇流塘村社康中心调研时，遇到了一位阿婆。她走了那么远的路，就为了在这儿看病。她告诉我："这里能打预防针，肯定是政府办的，信得过。"那一刻，我深感欣慰，也坚定了推广社康中心的决心。

我们为社康中心精心策划了七项服务内容。其中有一项特别值得一提，那就是为社区居民建立一生的健康档案。省委领导在调研时看到这项服务，赞不绝口："深圳人民真有福气啊，每个人都有自己的健康档案，享受的可是社区医疗卫生服务！"这次大胆的创新，真心不错！社康中心的建设，让市民不再为看病排队而烦恼。小病在家门口就能解决，这无疑解决了社会的痛点。

如今，宝安卫生医疗事业的发展仍牵挂着我的心。2023 年，宝安卫健系统提出以人民为中心，吹响全面推进卫生健康事业高质量发展的号角，率全市之先出台《宝安区卫生健康事业高质量发展行动方案（"1+4"文件）》，提出"1+3+6"发展规划，这让我对建设"健康宝安"充满了信心，对宝安卫生事业始终保持着排头兵作用格外感动和赞叹。这对老百姓来说，意味着生命安全得到更充分保障，这也是生活在宝安的幸福感的体现。

不忘初心　方得始终

　　1971年7月1日对洪旺全来说，毕生难忘。就在那一天，他正式成为一名光荣的中国共产党党员。这是宝安党组织对他培养的结果，也是对他工作的肯定和鼓励。他常说，家乡人的勤劳、善良、厚道、乐观和淳朴，让他刻骨铭心，是鼓励他坚韧不拔、锲而不舍、自律努力的力量源泉。他常有一种感觉，能为家乡做点正能量的事，特别有成就感，就是感恩家乡。

　　从乡村的一名赤脚医生到全市医疗卫生事业的领路人，无论身份怎么变化，不变的是那颗滚烫炽热的为人民健康服务的初心。作为一名知识分子，只有把个人的发展与祖国和人民的需要紧紧联系在一起，其知识价值、人生价值才会得到充分的体现。

　　他在回想走过的路时，非常庆幸遇上改革开放的好时代和自己的三个选择。选择从医，他的理想有了深厚的土壤；选择从政，他的追求有了奋斗的平台；选择跟党走，他的人生有了崇高的信仰。如果说洪旺全有什么成功秘诀的话，我想，便是这几条路走对了。

　　在深圳市卫健委向国家申报第九届中华人口荣誉奖的材料

里，是这样评价他的：洪旺全同志真挚的付出，无私的奉献，为社会增加了正能量，为全民健康添砖加瓦，是一位新时代的好干部，值得推荐。

现在的洪旺全已年过古稀，仍坚持与深圳市人口基金会的同道们做些力所能及的公益事业，为社会增加正能量，发挥余热。

廖虹雷

讲述宝安文化故事
赓续本土岁月文脉

廖虹雷,1946 年出生于宝安,1966 年从事宣传文化工作。先后在惠阳地委文工团、宝安县文艺轻骑队、宝安县文化馆、罗湖区委宣传部、深圳市群众艺术馆等单位工作,1986 年调任深圳市人民政府台湾事务办公室处长、副巡视员。深圳市本土文化艺术研究会原会长,广东省民俗文化研究会第二届副会长,中国作家协会会员,中国民俗学会会员,深圳市规划和自然资源局专家库专家,深圳市政府公务员(副巡视员)。已出版《热土流苏》《收藏深圳岁月》《深圳民俗寻踪》《深圳民间熟语》《深圳民间节俗》等 10 部作品 300 多万字,获得国家和省市级常设文艺奖项、"光荣在党 50 年"纪念章及"特区建设 30 周年"纪念章。

口述时间：2023 年 3 月 28 日

口述地点：宝安区民俗文化园

采　写：杨文静

摄　影：柯振涛

廖虹雷：讲述宝安文
化故事　赓续本土岁
月文脉

我叫廖虹雷，是土生土长的宝安人。1946 年，我出生在宝安石岩街道阳台山脚下的一个山村，1966 年参加工作，直至 2006 年我在深圳市政府台办退休。在我 40 年的工作经历中，始终离不开"文化"二字。退休后，我将更多的精力放在深圳本土民俗文化的挖掘、整理和研究上。

我的命运与宝安这块土地交织在一起，我见证了她的变化与发展，现在，我仍在不断关注、探究她的历史和文化。树影再长，也离不开树根。故乡宝安、深圳，每一个角落都深藏着神奇的故事，我希望通过深圳人自己的讲述，能让新老"移民"了解脚下这方既熟悉又陌生的土地。

加入文艺轻骑队　练就"铁脚、马眼、神仙肚"

1968 年初，我从惠阳地委"四清"总团文工团申请调回宝安，被安排进入宝安县文艺轻骑队。宝安县"文艺轻骑队"的由来是这样的：1965 年，时任中共中央中南局第一书记兼广东省委第一书记的陶铸同志，号召中南五省学习内蒙古"乌兰牧骑"（蒙古语，意为文艺轻骑队），让大剧团卸下臃肿的人员装备，把短小精干、生动活泼的文艺节目送下乡，满足边远群众的文化需要。其时，宝安县跟全省 100 多个县一样组建了一支"文艺轻骑队"，名为"宝安县农村文艺演出队"（简称"轻骑队"）。

那时，我们"轻骑队"包括演员、乐队、行政领导和服装、舞台等后勤人员在内总共才十几人，却要在舞台上演足 2 个多小时的节目。除了节目短小精干外，每个队员还要"一专多能"，

20 世纪 70 年代，宝安县文艺宣传队肩扛乐器、道具上山下乡演出，图为宣传队员从盐田海滩步行到葵涌演出（受访者供图）

也就是思想上要"专"，业务上要"多能"：能唱、能跳、能弹、能说、能演。经常我演完一个节目，把假胡子一剥掉、服装一脱掉，马上又要上去跳另一个舞蹈，舞蹈结束又要参加男声小合唱。除了是演员，我的任务还有文艺创作，每到一个地方我就要马上采风，搜集村里的好人好事、计划生育新人新事或者劳动模范等方面的典型人物故事，然后当晚编到我们的节目中去，让演出更加生动和亲切。

"轻骑队"上山下乡演出全靠自己一双腿，演出的舞台既有田头、土坡、球场、营房，也有学校土舞台、工厂礼堂和公社（镇）露天剧场（戏院）。而我们睡的地方常常是老村祠堂、大队部、肥料仓库，如果赶上住小学课室或墟镇露天舞台，那已是相当不错的条件了。每次演出完毕，演员就把雨布铺在泥地上，打开背包躺下就一觉睡到天亮。由于条件限制，经常男女演员共屋，幕布在地铺中间一挡，男演员睡在一边，女演员睡另一边，鼾声彼此互扰，也没什么影响。在这种环境下，我们每个演员都练就了"铁脚、马眼、神仙肚"，也就是说，每个人都能走山路，能熬夜，也能忍饥挨饿，甚至睡觉也像马一样，累的时候站着也能睡着，从不计较吃住条件。

在那个年月，我们"轻骑队"把全县 21 个公社（含深圳镇、沙头角镇）的 190 多个大队 1000 多个自然村全部走遍。我们到宝安西部用白话（粤语）演出，到宝安东部则用客家话演出，到部队营房演出又用普通话演出；后来因排演《沙家浜》全剧，"轻骑队"增至 30 多人。

宝安县"轻骑队"曾经两次被省文化部门邀请到广州文化公园剧场连续演出一个多月，其在省城演出时间之长、受观众欢迎之程度，在当时的全省县级文艺团队中都实属少有。

创作 5 万字电影剧本　《边防枪声》响遍省内外

1971 年，我在宝安县专业文艺团队（年中调入县文化馆）里担任文艺创作员时，奉上级指示，我们文艺宣传队全体队员被派驻附城公社莲塘大队体验生活数月，跟村民"同吃、同住、同劳动"，接受再教育。莲塘是深圳河畔的一个边防村庄，边防线上发生过很多故事，其中听到的一个故事令我至今难忘。

1969 年初，党的九大召开前夕，我国东北边境发生了震惊中外的"珍宝岛"武装冲突事件，潜藏在香港的敌特分子以为是个袭扰的时机，便派遣小股武装偷越深圳边境线。当年 3 月 18 日凌晨，驻莲塘边防部队八连的一位老班长带着刚入伍的新兵窦明生在边防线上执行潜伏哨时，通过稻田里水的反光，发现了敌特分子。紧张的窦明生大喝一声："口令！"谁知话音刚落，"啪！啪！"两颗子弹从黑暗中射了过来。老班长有经验，一下子把新兵按倒，两人侧身翻滚，同时朝子弹打来的方向还击数枪，当场击毙了两个特务。莲塘部队连长听到枪声，立刻带领一个班的战士牵着军犬赶来，会同莲塘大队民兵快速包抄深圳河边，在草丛中活捉了 30 来岁的特务组长，缴获手枪、匕首、手榴弹一批，子弹一小脸盆。

这个真实的故事，不仅具有深圳边防重镇的特色，而且情节生动。于是，我便以此创作了一出独幕话剧《新兵巡逻》，又和创作人员创作小舞剧《边防岗哨》，都十分受欢迎。

后来，我觉得光是创排演出一两个小节目不过瘾，仍有许多鲜活的人物和动人的故事在我的脑子里打转，便冒出写部电影剧本的念头。于是，我把平时采访到的军民联防事迹和县公安局许多侦察员参与边防对敌斗争的素材进行梳理，又通过县文化局开了一个要求采访的公函，报请县委书记方苞同志签字同意，到公安局了解更多有关对敌特斗争的故事，并查阅封存的侦破敌特的档案。

1973 年，我利用业余时间创作了 5 万多字的《边防枪声》电影文学剧本。剧本写好后，我想，广东这边的珠江电影制片厂已经拍出《羊城暗哨》《秘密图纸》《跟踪追击》等许多反特题材的电影了，不如给上海电影制片厂（简称"上影厂"）那边试试。主意一定，我就去邮局把电影文学剧本挂号寄出。过了一个多月，我接到上海那边的来信，说剧本很有地方特色，有修改价值。两个月后，上影厂文学部党支部书记陈玮若和编剧郑洞天（后为北京电影学院教授）、顾泽民等专家专程从上海来到深圳，和我们详谈剧本的修改工作。

　　1975 年春节过后，获上影厂正式通知，我和另一位同事带着电影文学剧本去上海参加为时半年的电影创作学习班，并和全国各地的创作者一边学习电影编导，一边交流讨论各自带来的电影文学剧本，然后酝酿进一步的创作修改。从上海回来后，我和宝

1976 年廖虹雷和曾文炳原创 8 场粤剧《边防枪声》参加广东省文艺调演获大奖（何煌友摄）

安县粤剧团团长兼编剧曾文炳马上将电影剧本的故事，再行构思创作 8 场粤剧《边防枪声》。

1976 年 6 月 2 日，该剧在广东省文艺调演的剧场一亮相，立刻引起了强烈的反响，获得当时最高的"创作优秀奖"和"演出优秀奖"等奖项。省文艺调演办公室专门出了一期简报，全面评论推介此戏；《南方日报》《羊城晚报》《广东画报》《广州日报》和广东人民广播电台纷纷刊播消息、评论文章与照片。后来，省内外的山歌剧、潮剧、粤剧、雷剧、花朝戏、采茶剧、赣剧、彩调剧等 60 多个剧团（剧种）对该剧进行移植演出。真所谓《边防枪声》响遍省内外。

《宝安文艺》改名《深圳文艺》 茅盾先生题写刊名

在宝安文化历史上有一本杂志，叫《宝安文艺》，中途几经更名，我曾兼任杂志编辑、组稿、印刷、发行工作。1979 年建立深圳经济特区后，《宝安文艺》更名为《深圳文艺》，由著名作家茅盾先生题写刊名，而这中间也有一个小故事，令我印象深刻。

1980 年初，深圳筹备成立深圳市文学艺术界联合会（简称"深圳文联"），市委宣传部把这项工作交由深圳市文化局负责，具体由深圳市群众艺术馆（今改称"深圳市文化馆"）筹办。当时我正担任深圳市群艺馆副馆长，便参与到成立文联的筹备工作中。在一次讨论中，我提出请我国著名文化前辈茅盾为深圳市文联题写牌匾的想法，当时市文化局一位局领导插话说这是不可能的事。她的话当即引起大家的争论。正在争执不下的时候，文化

县文艺宣传队利用一切时间和空地排练自创节目（受访者供图）

局领导看着我，让我说说看法。

　　我的观点是，请茅盾前辈题词希望很大。理由一，几十年前，茅盾先生与香港、宝安（深圳市的前身）有缘。1942年在香港沦陷区文化名人大营救工作中，广东人民抗日游击队（东江纵队前身）指战员历时200多天，将茅盾、何香凝等800余位文化名人、爱国民主人士及国际友人，分批秘密营救到大鹏半岛沙鱼涌的土洋村和深圳阳台山游击队根据地白石龙村，然后再护送他们到大后方。茅盾先生等文化名人在阳台山抗日根据地受到军民热烈欢迎和盛情接待，他对宝安有情怀。理由二，深圳建立全国第一个经济特区，举世瞩目，茅盾先生会热情关注和支持。理由三，1977年3月21日，深圳美术展览馆馆长雷子源通过人民美

县文艺宣传队在九龙海关（今深圳海关）宣传四届全国人大一次会议胜利召开的演出（何煌友摄）

术出版社社长、总编辑邵宇出面请到郭沫若先生为展览馆题写馆名。近日（1980 年 1 月），深圳市文化局副局长张玉诚和雷子源，将去北京联系美术展览业务，正好再次通过邵宇恳请茅盾题词。

人家觉得我说得有道理，便你一言我一语地马上起草打印了一份函件，由雷子源拜托邵宇按照请郭老题词的程序，恳请茅盾前辈为深圳市文学艺术界联合会题写牌匾和为《深圳文艺》杂志题写刊名。

大家期盼了一个星期，终于等到张玉诚和雷子源从北京回来。当他们拿出茅盾先生亲笔题词时，可把我们乐坏了。文化馆搞美术的同志买来上好的木料，小心而认真地把茅盾先生手迹制成幻灯片，放大到木料上，再一刀一刀地镂刻、上漆，然后用红绸盖住，等着深圳市文学艺术界代表大会的召开。1980 年 3 月，由深圳市群众艺术馆编印的《深圳文艺》杂志第 1 期抢先登载茅盾先生题写的刊名。

《深圳文艺》杂志办到 1982 年初，共出版了 11 期。不久，由新成立的深圳市文联创刊的《特区文学》所替代。尽管这个乡土刊物如今已不在，但它深耕的文化影响还在。

植根乡土的传统文化要坚守、挖掘，更要传承

最后，我想说宝安是一个有着丰厚物质和非物质文化的地区，这个地区非常值得我们研究和活化利用。石岩、沙井、新桥清末民居，沙井千年蚝乡、宝安千年古盐场、石岩山歌、宝安咸水歌和瞽歌（盲佬歌）等，无不浸润着深厚的岭南历史和古朴的民俗文化，成为深圳人宝贵的精神财富。但随着上一代深谙民俗文化的老人相继辞世，下一代又不甚了解，生于斯长于斯的我如果不把它们整理、研究出来，我觉得愧对前人、愧对子孙。这些不可再生的文化需要坚守、挖掘，更需要培养下一代传承下去。

本土民间文化有很多独特的文化符号，已经渗透在深圳人的生活中。都市里有高科技、摩天大厦、时尚潮流，也需要有人间烟火的民俗文化。就像参天大树下也要有灌木丛和遍地的花朵，那才是一个丰盛的生态。

云淡风轻见大潮

　　牛仔裤、运动鞋，面前的廖老温文尔雅、精神矍铄，丝毫看不出他即将迈入耄耋之年。为了这次采访，他专程从罗湖坐了一个小时的地铁赶来宝安。在深圳，凡问起民俗风情，人们常爱找他求证，因此，78岁高龄的他依然奔走于深圳的各处以及大大小小的文化活动现场。在采访的前一个星期，他在微信上告诉我，那周的大部分时间都安排上了，又要参与各区的采风、交流学习，又要参加市史志、古村与地名保护、红色文化展览以及图书馆、博物馆等单位的研讨活动。"没办法，快80岁的人想停都停不下来。"

　　退休后的廖老扎进深圳本土民间文化的挖掘、整理和研究，先后出版了多部本土民俗文化作品。不夸张地说，廖老就像一本深圳民间文化的"百科全书"，数十年来，他踏遍深圳的山山水水，抚摸着一草一木，用自己的文字让更多深圳人了解脚下这方土地。他曾感慨：人生重要的不是你站在哪里，而是你所朝的方向。他庆幸，自己半个多世纪前站立的地方，方向朝对了，路走对了，劲也使对了。

　　在他的身上，我看到了老一辈深圳人的孺子牛精神，也看到了他不辞劳苦，为深圳本土民间文化坚守的执着。真心感谢廖老，让我们在消失的岁月缝隙中，了解到了深圳本土文化的闪光故事。

记录客家人"流浪史"
留住深圳文化根脉

人物简介

　　叶恩麟，1936 年（身份证登记为 1937 年）出生于石岩，客家人。当过教师，从事侨务工作 20 多年，获全国侨联 20 年侨务工作奖，曾任宝安区侨联第一届秘书长、深圳市叶氏宗亲联谊会会长等，1996 年退休。其成年后根据老人口述的客家传说故事整理而成的《应人石的传说》于 2013 年 11 月被批准列入广东省第五批非物质文化遗产名录（民间文学类别），其本人成为传承人。

口述时间： 2023 年 8 月 8 日

口述地点： 石岩街道上屋新村 42 号

采　写： 张小葵

摄　影： 刘安邦

叶恩麟：记录客家人
"流浪史" 留住深圳
文化根脉

1936 年我出生于石岩上屋村，是客家人的后代。孩童时代，每当天气酷热，夜晚皓月当空，人们一个个拿着床板、草席、窝箕在村前的地堂上一排排躺着乘凉睡觉的时候，老祖母一边为我摇扇赶蚊子，一边给我讲客家人的各种传说故事，这些故事通过口口相传一代代流传下来，直到今天，还深刻地印在我的脑海里。

不忘来时路，方知向何生。随着年龄的增长，身为客家人，我对客家历史、文化、典故、渊源知道得越多，就越有感情。我看到，口口相传的客家历史、客家文化在时代发展进步的过程中被逐渐淡忘，年轻的后代会讲家乡方言的人越来越少。将来有一天，再无人说客家话，再无人记得客家人，怎么办？我想通过自己的一点努力，将所知道的客家历史、客家文化用文字记录下来，流传下去，这就是我数十年潜心研究客家文化的初衷。

客家人的历史就是一部"流浪史"

关于客家人的产生、客家文化、客家人的一切，对大多数人来说，迄今仍然是一个谜。多少年来，数不清的专家学者都在研究客家民系的产生，以及其语言、文化的形成和发展过程。很多人发现，用客家话读唐诗宋词，似乎韵调更优美，有很多人相信，客家语言是中原地区的古语，也有学者认为是古代中原地区军方语言演变而来，因为我们客家人，就是从北方一路南迁而来的中原人。

客家人的历史，是一部历尽千锤百炼、千年迁徙、万里跋

20世纪70年代，叶恩麟在石岩耕田务农时留影（受访者供图）

涉、从北到南、颠沛流离的漂泊史。历史上每一次战乱天灾，都会驱使一部分客家人南迁。到了南方，客家人就成了当地的"侨置"或"客居"，就是现在我们所说的暂住。据考究，到晋代，大量以客家人为主的侨置郡县在江南一带形成，无疑是把原来在中原的社会结构移到了南方。南迁的客家人，在不能确定是否可以在当地长久居住的情况下，自称是客家人，就是作客的意思，万一不能长久居住，将来还要重返故土。客家人的这种称谓，本身就蕴含了他们对未来的不确定，对故土的想念，对漂泊流浪状态的忍耐和接受。

客家人从北到南，最后落脚到广东，相较于广府人而言属于后来者，河湖海边好的地方都已经被广府人占据了，客家人就只能往荒芜的大山里走。梅州是大山大岭，也是最主要的客家人聚居地，此外还有河源、惠州，再就是深圳，这四个地方是广东省客家人最集中之地。

客家人南迁，一路上遭遇了严峻的生存环境考验，因此形成了团结奋斗、吃苦耐劳、自尊自强的群体特质，尤其是对维系族群稳定团结的长幼尊卑秩序的恪守，使得客家人思想更为传统，崇文尚文的思想更为深刻。

这些年我翻阅了很多客家历史、文化的书籍，为了搜集客家文化故事，走访了大量石岩乃至全国各地的客家老人，了解到不少古今客家名人，譬如，张九龄是韶关曲江的客家人，文天祥是江西吉安的客家人，洪秀全是祖籍梅县的客家人，黄遵宪是梅县客家人，丘逢甲是广东蕉岭客家人，还有廖仲恺先生是广东惠阳客家人，朱德同志是祖籍韶关的客家人，叶剑英同志是梅县客家人……这些名人志士，都是我们客家后代学习敬仰的楷模和榜样。

原宝安县 18 个镇有客家人聚居的占 14 个

我们客家人有近亿人口遍布全世界，客家方言成为客家人的一种身份标志。广东的汉族居民主要可分为广府、客家与潮汕三大民系，可见，客家人在广东的地位也是举足轻重的。

深圳虽然是一个移民城市，其前身宝安县曾有 18 个镇，30 万人口，有客家人聚居的地方就有 14 个镇，如坑梓、坪山、横岗、龙岗、布吉、石岩、龙华、观澜等镇原住民主要是客家人；客白（客家人和讲白话的广府人）两个族群混居的有平湖的甘坑、李朗，西乡的九围、鹤洲、麻布、径贝、臣田、凤凰岗，公明的红星村，光明的白花洞以及农场内部的部分员工，大鹏、葵涌、南头、蛇口（部分）等都是客家人聚居地。讲白话的广府居民主要集中在原来的公明、松岗、沙井、福永、西乡等镇。

根据《宝安县志》，1979 年深圳建市之前，宝安县本地村民中，讲客家语的客家人占了六成左右，他们分布在龙华、盐田、龙岗、坪山、罗湖、石岩、西丽等地。客家人的历史是深圳历史的重要组成部分。作为一名石岩客家人，研究、传承、发扬客家文化，我深感责无旁贷。

据我查找到的资料显示，石岩自北宋以来就有客家人定居，至今已经有 1000 多年的历史。聚居在石岩的客家人形成了特质较为明显的客家历史和客家文化。譬如，石岩地区曾一度非常流行唱山歌，直到改革开放前，唱山歌还是人们日常生活的一部分，这是客家人独有的文化遗存。

近千年来，石岩的乡民靠山吃山，巧用山水资源，耕田种地、养猪养鱼、凿井织布，一谷一米、一柴一草，把民俗、文化融进实实在在的日常生活。可惜，这种近乎原始的民俗生态文化，在持续大规模的城市化进程中，在不同程度上遭受蚕食和破坏。随着外来人口的大幅增加，客家方言、歇后语、俚语逐渐被遗忘。还有人因此唱叹："如今田头山歌冇（没）田头，灶头拜神冇灶头，过时过节唔（不）热闹，有酒有肉唔够喉（过瘾）。"

我自己也深刻感受到，客家历史文化的传承出现了断层，客家文化逐渐被淡忘，不仅会唱山歌的人少之又少，就连讲客家话的人也一代少过一代。我的孙子辈，从小在家里也不讲客家话了，等到长大成人之后，才发现客家话很重要，再回头来学讲客家话。

客家山歌来源于客家人劳动及生活场景

石岩，在茅洲河畔，阳台山边，旧称乌石岩、石岩峒，因其洞天福地而得名，是天赐的风水宝地，如今的石岩庙门楼上依然保留着阳刻的"乌石岩"三个字。

听说几百年前石岩由一个个零散的小村聚落而来，历代没有史料载册流传，只能从一些姓氏族谱以及《新安县志》关于石岩的记载里侧面推敲其历史。我结合20世纪80年代关于"石岩庙"历史的调查，根据老一辈讲述石岩的历史获得了一些资料。

据我查证，在明末清初就已经有袁姓、曾姓居民定居石岩浪心村，后来，叶姓、廖姓、赵姓、刘姓、罗姓、池姓等姓氏居民陆续在清朝的各个时期来到石岩，分别在官田、罗租、田心、水田、下排等地聚居，逐渐形成村落。

在我小的时候，宝安县经济落后，没有一条像样的公路，从石岩通往南头的一条20公里长的路，还是人工开挖出来的泥土路，叫作南天公路，从南头到天堂围，也是石岩通往南头、蛇口、深圳联系新界、香港的必经之路。这条路是什么时候开挖的？现在已经说不清楚，应该至少是一百年前的事了。

那时候，交通闭塞，出门没有车，有钱人可以坐轿子、骑马，平民百姓就只能靠走路了。公路上跑的破货车一天只有两三趟，车速缓慢，爬坡还要人推，经常死火，装的都是农副产品和粮食。

石岩素有"水果之乡"的美誉，三月有青梅、李子，五月有沙梨、菠萝，八月有柿子……一种果子一样花，开花时节漫山遍

2007 年，叶恩麟在书法展上签名送书（受访者供图）

野都是，风光秀丽、景色迷人。每当水果收获季节，公路上的货车就会稍微多一些，但收购水果的客商唯恐路上货车出故障，耽误了船期，不少货主仍是选择用肩挑的方法雇请平价劳工。劳工挑一担一百斤水果也只能挣几块钱，从石岩挑到南头、蛇口或者皇岗码头，通过水路运到香港。那时候在贫困线上挣扎的穷人，如能做挑夫挑两担水果，赚得几块钱才有钱买米回家下锅，已经不错了。

客家山歌就是产生于这种艰苦的劳动场景之中，是一种独特的文学载体。客家人大多数居住在山区，他们面对大山，靠山食山，长期在艰苦恶劣的环境中生存、劳动，为了缓解疲劳、忘却心酸，客家人通过山歌抒发自己内心的喜怒哀乐和交流彼此之间的感情。这些山歌，素材和灵感都来源于客家人劳动生活的场景及自然风光、世态人情，随口而出、顺口而来，却都形象、生动、贴切、简洁地表达了唱歌者的思想和心情，而且非常具有感染力。

石岩是客家山歌之乡，过去无论山上山下、打柴割草、田园放牧，随处都可听到高唱山歌的乡音，每逢过节或农闲假日，自发的村与村或隔河或近山或隔个鱼塘摆起擂台对唱山歌成风，官田村的钟阿娇、叶金生等因唱得好还去省城参加了比赛。

2014 年，叶恩麟在查阅客家历史资料（受访者供图）

石岩客家山歌被列入广东省第三批非物质文化遗产名录，得到了政府部门的重视和保护。据考究，客家山歌与古代汉族民歌一脉相通，同出一源。一是客家山歌继承和发展了先秦民歌的表现手法，赋、比、兴、双关、重叠等语言表现形式在客家山歌中大量出现。二是糅合了南北朝乐府民歌的语言风格，南歌语言清新自然，表情达意细腻婉转；北歌语言朴实无华，表情达意坦率豪放，客家山歌则两者兼具。三是受唐诗绝律和竹枝词格式的影响，一般七言四句或五句，一二四或五句押韵，且多为平声韵。

我小时候听我的老祖母和邻居唱过很多客家山歌，男的女的都唱，他们在田里耕种时唱，在山上砍柴时唱，在雨天休息时也唱，山歌曾经是石岩客家人为数不多的一种休闲娱乐方式。因为从小耳濡目染，客家山歌的旋律调子都深深印刻在我的脑海里。

成年以后，我就开始尝试将能记得的山歌用文字记录下来。退休后，我有了更多时间，走访石岩地区以及深圳其他客家人聚居的乡镇街区，听他们唱，记录那些逐渐消失的声音。2011 年11 月，我通过走访、搜集、筛选、整理和修改、创作的现代客家山歌集《乡韵》出版，我希望用自己的一点努力，将客家山歌文化用文字的方式记录下来，流传下去。

石岩的原籍居民绝大多数是客家人。客家人的文化既继承了中原古文化的精华，又在新的环境里不断丰富，已经嬗变成了一种既有汉文化的普遍特征，又有鲜明特色的文化体系——客家文化体系，其中客家话和客家山歌是其最明显的标志。

在《乡韵》出版之前，我已经出版过一本《闲雅集》。《闲雅集》收录了我多年来创作、积累的客家山歌作品，2015 年我还出版了《客家山歌佳句配对 1000 首》，我希望通过书籍记述，将逐渐被遗忘的历史记录下来。

第四次重修石岩庙　由我按照原貌绘图布局

石岩庙很有特色，庙的后殿观音阁上有一块 40 多平方米的大花岗岩石作为后檐，形成一个洞天福地，所以叫石岩庙，也称慈石古寺。

这些年我通过多方考证溯源，确定石岩庙始建于 1801 年，距今 200 多年，先后经过四次重修，第三次是在 1930 年，基本定局，斗拱飞檐、雕梁画栋，主脊双龙戏珠，两翼鳌鱼倒立，全部屋脊均用"仙女下凡""民间传奇""三国故事"等题材的青瓷人物、风景、屋宇、亭台、楼阁镶嵌而成，熠熠生辉，蔚为壮观。

1976 年 6 月到 7 月之间，石岩连降一个月的大雨，石岩庙后殿的上盖被雨水冲刷，水土流失导致大石移位了大概 20 厘米，重心改变导致整座庙的砖墙纷纷破裂，庙宇变成了危房。为了安全起见，庙宇被全部拆除，后殿的大石被打掉，成为一片废墟，只剩下门楼一个，十分可惜。

1984 年，很多旅居港澳的同胞以及本地乡民纷纷要求重修石岩庙，于是当时的石岩公社宣传部、文化站就牵头成立筹备小组，各村也积极发动侨胞、乡民捐款。由我根据石岩庙原来的地形地貌绘制布局，庙内的地基以及功能的分布，基本上按照原貌，用钢筋、混凝土建成今日的模样。这就是石岩庙的第四次重

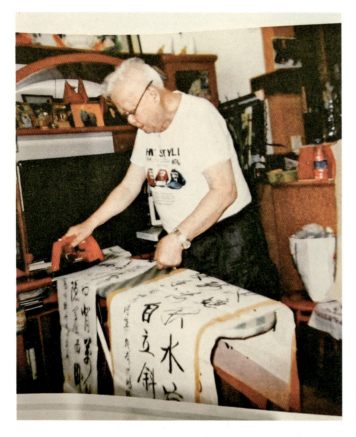

叶恩麟在整理书法
作品（受访者供图）

修，由于当时的建筑水平以及资金、材料的限制，重修后的石岩
庙难与原貌相比。

在新中国成立前，石岩庙一直是乡公所的坐堂地方，乡政府
曾一度在此办公，也是东江纵队地下党员的联络点；在民国初
年，太和学校在这里办过高小班；公社化时期也在这里办过石岩
中学，校长是沙井人陈锡松；后来还用作石岩卫生院，长达十多
年。可以说，石岩庙和其他庙宇不一样，其公共属性很强，非常
有重修的纪念价值。1930年重修石岩庙的募捐残碑还被深圳市博

物馆收藏。

　　过去，石岩的山村基本是太平无事的。居民平时日不关门、夜不闭户，百姓家没啥值钱的东西，家家可以敞开大门睡觉，天气太热了，屋内难眠，男女老少把村前的地坪（用灰砂打的晒谷场）扫干净，洒上水借以降温，水干了，铺上蓑衣、草席或窝箕就在地坪或在祠堂过夜，一觉到天光乍破。人睡到哪里，家里的狗也跟到哪里，跟着守夜。

　　那时候，我尚年幼，和大人们一起睡地坪，石岩客家人的传说故事是我幼年的安眠曲。我记得最深刻的是应人石的故事，后来我将这个故事整理为《应人石的传说》，这个传说故事后来被列入广东省非物质文化名录，也是对石岩文化的一种传承和保护吧。

时代的车轮　客家的辙印

我们从哪里来，要向哪里去？这道关于人生的终极命题折射出人们对自身历史的探寻和追问，背后有着深深的归属欲求和身份认同。而乡音乡言则是一个人身份最明显的印记，从出生到老去，如影随形。

随着时代的发展变迁，2023 年已经 86 岁的石岩客家人叶恩麟听到的客家乡音、客家方言、客家故事，一年比一年少，那些关于客家人的奋斗事迹、坎坷历史，仿佛伴随乡音乡言的日渐式微而逐渐被遗忘。

没有历史的民族是没有根的浮萍，随波逐流，无所适从。叶恩麟孜孜数十年潜心研究客家文化、客家历史，就是要将这些口口相传的客家故事印刻在纸上，流传到未来，使得时代车轮无论如何朝前去，关于客家人的根脉始终深深扎根在这里。

既是回乡知青
也是温情作家

人物简介

温铭池，1948 年出生，宝安西乡河东人，曾在河东村当下乡的知识青年，长期在宝安创业经商，并创作一批文学作品。出版诗集《如此美丽的温柔》、长篇小说《热土奇情》及畅销书《人生谋略与赚钱高招》（一至六集），主编《固戍社区志》《共乐社区志》等，曾在《南方日报》《宝安日报》《广州文艺》《特区文艺》等报刊发表作品。

口述时间：2023 年 8 月 25 日

口述地点：宝安区西乡街道河东骏丰园小区

采　　写：刘昌伟

摄　　影：李楚玲

温铭池：既是回乡知
青也是温情作家

我是土生土长的宝安人，在这里已经待了 70 多年。踩着西乡真理街的麻石路，我度过了无忧无虑的童年，一个人翻山越岭的上学路曾让我感到害怕，如饥似渴地阅读文学作品占据了我的青春年华，摸索出水稻增产增收的新办法令我欢呼雀跃……

走在河东社区的街道上，往昔的回忆不时翻涌起来、历历在目，仿佛又回到曾经劳作过的农田，回想起一部部烂熟于心的文学作品，我依然无比怀念那美好的青春时光和艰辛的创业经历。

真理街上的快乐童年

我 1948 年出生在西乡的真理街。以真理来命名一条街，很有意思，可见西乡人的智慧和西乡深厚的文化底蕴。

那时候的真理街是用麻石铺设的，一条条大麻石，铺成一条长街。听老一辈的人说，这条麻石街是由郑毓秀（西乡乐群人，我国第一个法学女博士）的祖父郑姚牵头建起来的。郑姚是西乡巨富，木匠出身，是个很有慈善心的人，到香港做生意赚了大钱就回报家乡。他又是一个很有智慧的人，在倡议修建真理街的时候，要求每位乡民出一文钱，这样一来，这条街就是大家的，谁都不敢把麻石拆走。这个睿智的做法既培育了乡亲们的公益心，又巩固了公益成果。

我的童年时代是在真理街上度过的，可以说，每一条石缝都刻着我的记忆。旧时的真理街也十分繁华，有商店，有茶楼。现

青年时期的温铭池（受访者供图）

在回忆起来，很多情景都很清晰。父亲带我到茶楼饮茶，一边吃排骨、烧卖，一边给我讲孔子、鲁迅的故事。

我家在真理街有座大房子，宽六七米、长二十多米，楼高三层，前门就是真理街，后门靠西乡河，河也就是现在的西乡步行街。那时候的北帝庙前是西乡河，有沙滩，沙质好白好细。童年时，我觉得最好玩的就是在西乡河游泳、钓鱼，那时西乡河很宽也很深。一到下雨天，可以钓到很多鱼，我经常去那里钓鱼。

每逢农历三月初三，真理街都特别热闹，那是北帝庙的庙会，舞龙舞狮，飘色巡游，还有"抢炮""领炮""还炮"的活动。庙会当天，就在沙滩上放箭炮，炮花冲天，十分壮观。炮花是有编号的，它从天降落时，人们便涌上去"抢炮"，争抢有编号的炮花，之后到北帝庙"领炮"，领到与炮花编号相同的玻璃镜画等拿回家供奉，镜画绘有北帝爷圣像，并附有龙凤图案以及各种吉祥文字。到第二年的北帝庙会，又把"炮"拿回北帝庙，即"还炮"。这个风俗太有意思了，它寄托了西乡老百姓对好运气、好生活的向往。

不畏艰难的求学之路

后来，我家的鸭子把别人的稻谷吃光了，由于无法满足对方提出的赔偿要求，父亲只好忍痛将真理街的房子折价卖掉，赔偿了他们。从此，我们家不得已回到河东村的老屋居住。

离开了真理街，快乐的童年也结束了。

我是六岁开始读书的，在西乡小学报不上名，就去了外婆家那边的固戌小学就读。后来，我住到外婆家，一个星期回家一次。那时，从西乡河东到固戌，完全靠走山路，要经过共乐，共乐与盐田交界处有一个坟场，我特别害怕。要走四五公里，我一个小孩子独自步行往返，单程就要一个多小时。

我外婆家在固戌的塘东村，村里有一座佑文姜公祠，门口有一口八角井，水深三四米，清澈见底。听老人说，这口井几百年从未干过，每年的夏至当天，井里能够倒映出不远处的文昌阁全景，文昌阁就像一支笔，固戌人说，这是上天赐给他们的一个"砚"，一支"笔"。

五年级的时候，外婆去了香港，我只好搬到姨婆家住。姨婆家在固戍沙湾，房子门前就是大海。可以说，晚上枕着波涛睡觉，听着浪声起床。每到放学回家，也是退潮的时候，我们就跑到海滩上捉鱼蟹。听老人说，清朝初年，固戍沙湾就建起了一个码头，到清末民初时期最为活跃，这里的商贸往来、海鲜贩运特别发达，其中有个财记鱼档，拥有渔船50多艘，每天往返香港、澳门，生意很是红火，除了批发海产品，也经营土特产和生活百货。

那时候的固戍，伴随着我的小学时光，洋溢着一片小渔村的风情。

我的中学是在南头中学读的，那时候叫宝安县第一中学。我在那里读完了初中。"一颗红心，两种准备"，毕业回乡，参加社会主义新农村建设，是大部分农村青年的基本出路。我回到河东，一面参加农业生产，一面坚持自学。我喜欢画画，每天想办法要画上几笔。

同时，我还是个书迷，总是千方百计找书看。同龄人一般都喜欢踢毽子、打篮球或打乒乓球，但我最大的爱好就是看书。那个年代，出版物太少、太单调，要满足如饥似渴的读书需求的确不容易。我想了很多办法，每弄到一本好书，真是如获至宝，说是"沙漠里遇上水"的感觉，一点也不过分。那些年，我们读到的都是《烈火金钢》《红岩》《敌后武工队》《青春之歌》等革命文学作品。捧着这些来之不易的书籍，有时候忘记了吃饭，有时候通宵阅读，连眼睛也不眯一下。

科学实验小组的种植能手

我家虽然搬出了真理街，但是一家的户口还是圩镇的，属于居委会的居民。初中毕业后，我回到河东村，之后就是"文化大革命"，知识青年上山下乡的浪潮席卷而来。我也被当作知青，户口迁回了河东八队。

在整个西乡公社，河东这边的自然条件、生产基础都是比较好的。就我们八队来说，一个劳动力的生产工分值可以达到1元，劳动力足的家庭，一年下来，可以买一辆好牌子的自行车。

那时候，我白天跟着社员群众一起出工，什么活都要干，耙田、犁田、插秧、施肥、除虫。尽管劳累，但是年轻人参加集体劳动也有不少快乐。

每个晚上，队里还要组织学习。作为回乡知青，我派上了用场——被任命为生产队的辅导员。队里组织的学习内容，就是毛主席著作、领袖语录，我作为辅导员的任务，就是带领大家读报纸、学唱革命歌曲等。白天出工劳动，晚上集体学习，也不知道哪里来的劲头，完全不知疲倦。我还是学"毛选"的积极分子，"老三篇"可以一字不漏背下来。

虽然没有继续上学深造，我还是强烈地感觉到，知识对一个人是多么的重要，一个年轻人担任学习辅导员，也是特别有荣誉感的事。

"文革"后期，西乡大队要成立一个科学实验小组，专门负责水稻技术攻关，我有幸被选中，加入了这个三人小组。我们这个小组一经成立，就像点燃了理想的篝火。我们带着任务，加紧

185

对西乡的农业生产模式进行改良，仔细研究插秧的规格、施肥的时间、种子的选择等，努力研究增产办法。

因为年轻，有浓厚的兴趣，又虚心请教老社员，我们很快就摸索出了一些门道。我们秉持不跟风、不浮夸的态度，针对西乡的土壤、气候以及传统的耕作模式，在品种选择以及水稻的插播细节上做文章。第一年，我们就拿出了亩产800多斤的实验成绩。

这是一个很大的突破，成为一个喜讯，也给我们这个科学实验小组打了强心针，使我们干劲更足了。接下来的几造，我们在稳定800斤的基础上，突破了千斤，受到了上级表扬。我们摸索出的稻秧插播株距是6×4或6×5，形成统一规格，得到大力推广。

沉迷于写作的文学爱好者

那时候，我大哥去了香港，带回四卷本的《鲁迅选集》，我真的如获至宝。看完鲁迅的文章，我对他弃医从文的行为大为触动，深受启发，充分激发了我对文学的热爱。

到了生产队，我既热情参加农业生产，成了实验小组的技术骨干，同时也是一个文学爱好者。

我坚持自学，坚持尝试写作，写诗歌、散文，也悄悄地往外投稿。1971年夏季的一天，我寄出的诗歌，终于在《南方日报》发表出来。这是一首反映南粤人民抗旱的诗歌，我还能够背下来："天不下雨我下雨，汗水化作金银水，浇得旱魔丧了命，浇得万亩禾苗翠。"这首诗现在看来，没什么文学价值，站在当时的时代背景上看，革命的激情还是很强烈的。这首诗的发表，给我带来了一两块钱的稿费，更给了我很大的精神鼓励，之后写得更勤，投稿也投得更勤了。只是投出去的多，退回来的也不少。

俗话说，初生牛犊不怕虎，试图寻求名师指导的愿望，让我鼓足勇气，把自己的一大沓作品，抄写好寄给了当时中山大学中文系主任王起教授，请他指点。包裹寄出去之后，我才冷静下来，想想自己真是不自量力，像王起老师这么重量级的人物，会给我这样一个初中毕业生回信吗？令我意外的是，没过多久，真的收到了王起老师的回信，他在信中肯定我的作品"感情充沛，文笔流畅"。虽然是简短的一封信，却给了我很大的鼓舞。后来，我陆续有一些作品在《广州文艺》等刊物报纸发表。

20 世纪 70 年代后期的西乡真理街（图片来源：《昔乡》）

20 世纪 80 年代的西乡河（图片来源：《昔乡》）

　　我的业余写作、投稿，也渐渐被生产队、大队的人知道，大队、公社一些文字方面的事务也交给我做。

　　前几年，我参加《固戍社区志》的编撰工作，到街道档案部门查找资料，居然找到一本 20 世纪 70 年代的《西乡文艺》。亲切感、熟悉感扑面而来，因为这本发黄的油印刊物是由我一手刻写的，上面用的稿子，三分之二是我写的。当时，我用的笔名叫"齐向东"，多么浓烈的时代烙印。

　　我们那代人的青春，就是这样过来的。这一时期是我的宝贵人生财富，既通过劳作强健了身体，又在空闲时写作投稿，无疑是一段纯真青涩的难忘岁月。

第一批"吃螃蟹"的养殖专业户

改革开放，把宝安的生产力解放出来。当时，宝安开启了快速发展的脚步，一方面是建厂房，另一方面是"推（平）鱼塘"。到处是新建的楼房，工厂越来越多，人也越来越多，处处是一片兴旺的景象。而且，我们的收入也不断增加。

1978 年，开始分田到户，我家也在如今的西乡大门边分得了三亩稻田，在"西乡市场"分得了一块菜地。

当时，公社号召大家种菜供给香港，既供应了香港同胞的生活物资，又提高了土地产值，改善了耕作模式，也增加了外汇储备。西乡大部分农户都投入种菜，主要是种菜心，因为产量高、成熟快。我们家 1979 年就购买了一台价值 700 多元的日立电冰箱，就是用种菜的进出口指标买的。这说明，当时我们西乡的农业生产、出口创汇已经很好地实现了结合，土地的活力开始被释放出来。

我在西乡河西四坊 92 号有一座平房，一进门就是一个大天井，天井上有一个大花盘种了一棵万年青（铁树），枝荣叶茂，1980 年春突然开花了。而正是这一年的 8 月 26 日，深圳经济特区成立。

改革开放，政府鼓励老百姓搞多种经营，西乡支持搞种养出口的力度很大。有了分田到户赚的钱，我就在流塘开办了一个养鸡场，成为第一批"吃螃蟹"的专业户。我请了五六个工人，每年养三四万只三黄鸡，出口到香港。公社的出口服务很到位，专门有出口站，负责收购我们养的鸡、鱼，种的菜，全部送往香港。流塘鸡场养了两年，因为场地征收，我便把它解散，不再养鸡了。前几天，当时我请的两位河源工人来看我，他们回忆起当年在我的鸡场做事的情景，都很开心。时隔30多年，大家还很珍惜当年一起创业的时光。

走过这么多年，我亲眼看到宝安一步步的发展历程，从之前到处是农田、乡间平房，到如今到处是高楼、工业园区，城市物质条件迈向更高台阶，人民精神状态焕然一新。宝安已经从昔日农村的面貌，成为现代城区的模样，真是沧桑巨变啊，不由得令我感慨万分。

宝安是一块宝地，得宝而安，屡创辉煌。我相信，在区委区政府的领导下，宝安未来的发展一定会越来越好，宝安人的生活水平也会越来越高。宝安还将创造更多的发展奇迹和高光成绩，成为粤港澳大湾区中一颗光辉夺目的明珠。

西乡居民在农田里劳作（图片来源：《昔乡》）

扎根宝安　谱写一段"热土奇情"

　　走进温铭池老师面积不大的书房，一股油墨的清香扑鼻而来，上午的阳光从窗台照射进来，中间书桌上字帖自然翻开，一旁的案台上墨迹已经透过纸背。一切显得那么恬静而安闲。

　　温铭池是土生土长的宝安西乡本地人。70 多年来，他深深扎根这片土地，观察这片土地，热爱这片土地，耕垦这片土地。他在宝安出生，在宝安成长，也在宝安就业，在宝安发展，在宝安创作，参与并见证了宝安 70 多年来的各个发展时期。

　　从他的言谈举止中，我能深刻感受到，他饱含着对家乡故土的深情眷恋，对青春岁月的美好回忆，对文学创作的似火热情，对经商创业的独到见解。

　　随着时代的变迁，宝安不断发生翻天覆地的变化，温铭池也在转换着人生的角色，抓住时代给予的机遇，探索着人生的多种可能。他一边经商，一边拿起笔创作，深度融入宝安的发展大潮。

　　在创业成败沉浮之时，他保持自然、散淡的财富观、事业观，不强求，不刻意，也不会在挫折中一蹶不振。对文学爱好孜孜以求，长期坚持阅读，勤于写作，终于创作出反映深圳创业者经历的小说《热土奇情》，同时写出了《人生谋略与赚钱高招》系列励志文集，结合个人经历、体悟，力求为他人带来更多启发和鼓励。这位老者的人生阅历和感悟，是对一个普通个体的人生记录，也是宝安多年发展的生动注脚。

采访结束时，温老师热情地送给我一幅书法作品，上书"兔飞猛进"，字体飘逸，墨迹淋漓，寓意深远。这幅书法作品显得非常应景，相信这是他作为一位年逾古稀的长者对我这个后辈的真挚祝福，也代表他对宝安未来跨越发展的巨大信心。

张加秀

三年 18 万元建成体育场
体育交流拉近深港距离

人物简介

　　张加秀，1937 年出生于广东省宝安县深圳镇（现深圳市罗湖区），从小热爱足球，多次参加县、地区级比赛。1960 年 1 月 1 日参加工作，在宝安县体委负责组织各项体育活动；1980 年赴深圳经济特区体委工作，先后负责场馆运营、体育彩票等工作；2000 年光荣退休。

口述时间：2023 年 9 月 19 日

口述地点：宝安区青少年业余体育学校荣誉室

采　　写：刘强　庄典

摄　　影：陈影

张加秀：三年 18 万
元建成体育场　体育
交流拉近深港距离

体育活动增进了我们与香港同胞的感情

1937 年，我出生在宝安县深圳镇向西村，在这里上小学和中学，1959 年高中毕业，1960 年 1 月 1 日正式走上工作岗位。

我从小热爱足球，小学三年级就参加班级足球队，后又参加县里的比赛、地区的比赛，多年在足球项目上摸爬滚打，也算有一技之长。但是我没有上过足球学校，没有接受过专业的足球训练，完全靠实践磨炼和自身锻炼。

念书时，我经常跟同学组成街边足球队，课余时间一起踢球、玩耍。深圳镇虽然是个边陲小镇，但学校基本能做到班级、年级、学校都有足球队。当时，我还通过层层选拔，成为宝安县足球队的一员，最早参赛的记忆是县足球队代表惠阳地区（当时宝安县的上级管辖单位）参加省运会的比赛，取得了较好的成绩。当年，广州、湛江、梅县（梅州）、汕头实力都很强，我们是前 6 名中唯一一支来自小县城的球队。

高中毕业以后，我回家务农，就自己用石灰画个小球门，开始不间断地训练。后来县里利用节假日组织足球比赛，从基层选拔力量参加地区的、省里的赛事。那个时期，因为宝安县毗邻香港，每年都会多次举办与香港的武术、足球、乒乓球、象棋等交流比赛活动。他们（香港同胞）周六过来，周日早上就回去，通过这种体育活动不断促进交流。香港爱国工会、新华社、广东省总工会也纷纷组织球队来当时的宝安县与我们比赛。

据我所知，宝安县体委在 1957 年后，有一个同志兼职负责操办这样的交流比赛活动。到了 1960 年增加到了两个人。那个时候我们举办了大量的比赛，通过体育活动与香港同胞增进了解、加深感情，在这方面宝安县付出了很多努力。

不管哪一届领导　大力发展体育都是共识

我从小学到 1959 年高中毕业一直在坚持踢球。1960 年，因为工作需要，县领导把我从农村抽调到县体委工作。当时的体委是隶属于县政府文教系统的一个科室，只有一个人，我去了后就是两个人，没有领导，我们一起担负着宝安县各类体育活动的组织与发展任务。

1964 年，宝安县按照国家相关要求完善体委组织架构，体委主任由当时的县委副书记担任。之后，县里又调来了一个有经验的老干部担任专职主任，这样的架构一直持续到 1980 年深圳经济特区成立前。

1960 年参加工作后，县体委里什么样的工作我都干过。我的特长是足球，在组织比赛的过程中，我有时当守门员，有时当裁判员，管理场地的也是我，还要做比赛宣传广告等很多琐碎的工作。最初，我们没有正规办公的地方，就在政府机关一个 7 平方米的小房间里摆两张桌子，算有个正式的办公室了。

在学校开展体育活动，我们就跑到学校去要场地、要人员，寻求一些支持，并以城镇为中心搞活动。我们当时总结出搞活动的策略是：农忙不搞，农闲多搞，以城镇为中心，争取全面带动起大家参与体育运动的热情。每逢节假日，我们都有比赛，那段时间，宝安的体育氛围挺浓厚的。

张加秀与昔日队友合影（受访者供图）

当时老百姓还是比较爱好体育的，乒乓球、篮球、足球、田径等项目在学校里也开展得比较多。过去的宝安县包括现在的龙岗区，那里的农民篮球在广东省都曾取得过不错的成绩。宝安县这边比较突出的就是足球、乒乓球和田径。

社会体育层面上，宝安县体委有两个在职体育干部，能做的工作有限，要依靠领导、发动群众，把社会上有能力的、有经验的群众组织起来。"文化大革命"开始前，县体委逐步成立了田径、乒乓球、游泳、篮球、足球等协会，用协会来团结更多的体育力量办好全年的活动，同时不断培养骨干。

那时城镇的基础条件相对好一些，游泳、象棋、足球、篮球等协会体育活动开展得都比较好。逢休息日，各个协会都会自己安排比赛，不用政府给经费。教育系统每年也举办很多运动会。我们就这样放手依靠群众。

农村条件较差，于是我们逢节假日就组织城镇的队伍去农村交流比赛，去搞联谊，吸引他们一起参与体育活动。

那个年代，我们发动全民体育基本没有什么休息日，平时忙筹备、组织、通联等工作，到了休息日、假期就去组织比赛，经常逢年过节都不能休息，但那时年轻，并不觉得累，而且乐在其中。此外，体育名片还可以提高城市声誉。

在宝安县体委工作的20多年里，我深刻感受到党对体育工作的重视。不管哪一届领导，大力发展体育都是共识，这说明党对人民群众的身体健康有着足够的重视和关注。

宝安县第一座标准球场建成　县体委终于有了"家"

1976年，我看到其他地方的体育部门都有场地，有个"家"，我就想，我们在宝安县干了这么长时间，外地的球队来宝安比赛，我们都没有像样的球场，只能到学校去借场地。所以，我想趁我在县体委工作期间，建一个属于我们自己的公共体育场地。方苞当时是宝安县委书记，我们先请示他，方苞很支持。后来我们去找省体委领导，省体委主管此项工作的副主任是个女领导，抗日战争和解放战争期间她曾在宝安打游击，对宝安很有感情。我就跟她请示说，我们宝安县体委条件比较艰苦，没地方办公，但这不是问题，找个地方就可以了。但没有比赛活动场地，我们开展活动就很困难了，能不能帮帮我们。这位领导很支持我们的工作，出面找到宝安县领导，提出让他们帮忙找场地建活动场地。宝安县领导当然支持，很快就同意了。

我们还去找了省计委（省计划经济委员会）争取财政拨款。我们当时的理由是，香港很多工会经常组织球队来宝安比赛交流，要有个像样的地方承办比赛。省计委相关领导了解情况后很感动，没过多长时间就从当时广东省有限的边防补贴里安排了三年的经费给宝安县体委，每年6万块钱，全部用于建造球场。

那个年代，3年补贴18万元能做很大一件事啊。第一年的6万块钱，我们用3万块钱买了22亩3分6的土地，另外3万块钱去买石头，把石头铺在球场上；第二年的6万块钱用于买砖、水泥，把球场看台、座位建起来，然后修整球场；第三年的6万块钱，主要用于建主席台，以及球场细节建设。到了1979年，

2015 年，张加秀与昔日队友重聚（受访者供图）

经过两年多的艰苦建设，宝安县的第一座标准球场正式建成，宝安县体委也搬过去办公了，真正有了自己的"家"。

当时的球场就在现在的罗湖区和平路和嘉宾路交叉口，比起现在，我们当时建的体育场并不正规，是东西走向的，看台能坐下 8000 人左右，但我们已经很知足了。

从 1949 年到 1980 年深圳成立经济特区的 30 年，是宝安体育奋斗发展的 30 年，体育为经济社会发展服务，还不断影响着人们的精神面貌。那些年人们吃完晚饭，没有电视，也没有现在这么丰富的夜生活，业余时间去哪里呢？我们就搞比赛，平时还经常宣传体育精神，所以吸引了宝安县好多领导和老百姓到赛场看球。

20 世纪 80 年代，深圳市规划建设了体育中心，有体育馆、游泳馆、体育场等多个场馆，我是体育馆第一任馆长。后来，我又从事了 18 年的体育彩票工作，一辈子没有离开体育战线。2000 年退休的我，又被返聘了 3 年。2004 年，国家体彩中心给我颁发了一个特殊贡献奖，算是对我在体育战线奋战一辈子的褒奖吧。

从娃娃抓起　成立宝安（县）少年儿童业余体校

1959 年宝安县体校正式成立。这个机构既是深圳市体校的前身，又是宝安（区）体校最早的影子。当时，这个体校还不是很正规，设置足球、篮球、乒乓球、田径等项目，主要依托教育部门层层选拔学生，聘请学校体育老师做教练，进行一些短期训练后，参加地区和省里的比赛。

体育项目有个特点，经济比较好的、有准备的地方，体育成绩一般都不会"掉队"。因为东莞、宝安当时都是经济发展比较好的地方，所以比赛成绩不会很差。我们当时的篮球项目成绩比较好，在惠阳地区多次拿了第一名。

1978 年，我们的体育场快要建好了，培养发展体育后备力量就被正式提上日程。很多项目都要从小抓起，运动的东西都是从难、从严、从实战、大运动量标准地训练，讲究科学培养，所以当我们各方面都具备了一定条件，就成立了宝安（县）少年儿童业余体校。

宝安（县）少年儿童业余体校校址最初就在和平路和嘉宾路的交界口，就是我们新建体育场的位置。宝安（县）少年儿童业

张加秀参观宝安体校三楼荣誉室（受访者供图）

余体校当时设立了足球、乒乓球、田径等项目，体育场座位下的空间很大，可以利用来做成学生宿舍，条件比较简陋，但不会漏水，所以那段时间陆续把学校的学生集中起来，做身体素质训练，平时念完书也可以过来训练。当时的宝安县体委主任是从省里调来的，很多教练也是由退役的运动员担任，后来他们从县里抽调了不少优秀苗子。因为这个体育场主要是为足球项目建的，所以宝安的足球水平发展得很快。

我们还在体育场旁边搞了一个乒乓球室。当时宝安县的体育经费不是很多，依托比较健全的协会组织，我们确立了包括足球、乒乓球、田径（中长跑、竞走）等重点发展项目。篮球的开展则是以引进为主，吃"现成饭"。宝安（县）少年儿童业余体校就是以这样的形式进行重点布局。因为我们的场地和硬件设施比较有限，后来又把一些项目按区域划分进行布点，排球、乒乓球当时就放在了现在的南山区，拨经费、派教练过去，进行日常的队训，有点像现在的业余体校＋传统项目学校的模式。足球就是各家都领任务。

开展各个项目，不一定没有条件你就干不了，没有条件你要创造条件干，要变通，这也是体育事业创新的一种手段。有些冷门项目我们就到外省去驻训，同样也可以算自己的成绩嘛，所以我们体育创新也是多种多样、全面开花。这也是宝安体校如今系统化、体系化训练的雏形。

当年开疆拓土　今朝奖杯簇拥

　　约访老体育工作者张加秀，记者本应在他罗湖区的家中采访，但张加秀执意要孙子把他送到宝安区青少年业余体育学校（以下简称"宝安体校"）与记者详谈。老人家说，他真的想看看几十年前宝安县"一穷二白"的体育战线，如今到底有着什么样的变化。

　　张加秀与宝安体校校长彭玉华是老熟人了。宝安体校一楼大堂的玻璃上，张贴着林高远、黄博凯、刘艳秋、曾蕊、孙杨以及宝安女足等优秀运动员的巨幅海报，门口还张贴着宝安体校的介绍，以及历任校长和今年各项比赛的成绩。彭玉华握着张加秀的手向他一一介绍，张加秀笑眯眯地听得入神，然后欣慰地冲着彭玉华竖起了大拇指，"你牛，你真牛！""哪里，宝安体校有今天，您是开疆拓土的功臣，是您打下的底子好啊……"彭玉华和张加秀就这样你一言我一语，慢慢走进宝安体校三楼的荣誉室。

　　荣誉室陈列着宝安体校近年来获得的大大小小数百座奖杯，国际级的、国家级的、省市级的。坐在这里，被无数奖杯簇拥着与记者畅聊，张加秀乐开了花——这些，是众多像他这样的老一辈体育工作者几十年前种下的"种子"，如今开出的繁盛的花。

听党话、跟党走，坚持职业信仰是张加秀时常挂在嘴边的话语，他还要求儿孙"一辈要比一辈强"，这样国家才能更强盛。张加秀对沙井的足球、福永的武术、西乡的乒乓球等如数家珍。热爱足球的他，平日里还多次和老队友们一起造访沙井街道，看看当年曾经拼搏的球场，回忆昔日奋斗的过往。

以工匠之心传承宝安农耕文化

人物简介

文业成，1945 年出生于宝安松岗埔尾村，1962 年开始在松岗木器合作社当学徒。1964 年至 1978 年，在农具厂当木工师傅，后到松岗各村维修农具，其间培养了一批本土农具维修木匠。因工作出色，每年都获评"先进生产者"等荣誉称号。1979 年，担任木器车间主任。后自学书画创作，其书法作品于 2006 年获文化部颁发的第二届"金鼎奖"全国书法美术大赛金奖，并入选《全国书法美术优秀作品集》。2015 年，成为区级第三批"非遗"项目（木器农具制作技艺）唯一代表传承人。

口述时间：2023 年 7 月 20 日

口述地点：宝安区松岗非遗农具展示厅

采　　写：何柳

摄　　影：李楚玲

文业成：以工匠之心
传承宝安农耕文化

在深圳，随着改革开放的深入，传统农具慢慢消失，农耕也逐渐淡出人们的视野。我认为，被列入"非遗"的木器农具，对传承文明、记载历史有着极其深远的意义。我这辈子都在和木器农具打交道，对它们有很深的感情，希望政府与社会一同出力保护它们。

生活困顿当学徒　勤学苦练成师傅

我国南方制作农具的生产史至今已有千余年。深圳的传统农具盛产于我的家乡——宝安松岗。说起和木器农具的缘分，要从我读初中时的时代背景和我的个人经历谈起。

1960年，我考入公明中学，每天起早贪黑，上学路6公里，单程就得走个把小时。那时候家家户户都没饭吃，我早晚在家吃得少，在学校又没午饭吃，一些同学见我可怜，不时接济我一个红薯或一个饭团。

偶然间，我参加了全校的书法比赛，第一次公布成绩时，我意外取得第一名。后来，班主任看我书法作品的字迹很淡，于是在审美上扣了我三分，调整后让我屈居全校第二名。字迹淡，皆因我买不起墨汁，兑了水。学校校长注意到我的天赋，觉得我未来在书法方面能有所建树，便私下找到我，要我好好学习，将来把我送到惠阳工艺美术学院。

后来，因母亲病故，我的学习、生活变得极度困难，便申请退学了。班主任等老师得知此情况来我家劝说，并表示会动员全校老师每月每人出一两块钱，资助我读完初中，希望我不要半途而废。我顾及家中贫穷，婉拒了。退学回到家中，我就在松岗、沙井一带的农田及海边滩涂地里捕鱼捕虾售卖，贴补家用。外婆看我无所事事，晒得黝黑，便教导我："千金小姐，百艺傍身；一时拓落，人艺赢人。（粤语俗语）"这句话成为我当时黑暗人生中的一盏明灯。我萌生了学手艺的念头，恰逢松岗农具厂招收学徒，就报名了。

1962 年我刚刚当木工学徒时，一个月只有 18 块钱的工资。原本希望当学徒养家糊口的我，发现这点工资自己都没办法吃饱饭，更别说帮父亲养家。只有尽快成为木工师傅，工资才能上涨。

1964 年，松岗农具厂由两个木器手工艺组合并，分为木器、铁器、电器、机修与五金 5 个车间。一时间，松岗农具厂成为深圳最大的农具厂，其生产的产品美名远扬。

文业成制作的农具（受访者供图）

颇为艰难的是，当时木艺传承主要是父子口手相传，我和农具厂的师傅们没有血缘关系，谁能真将这份可以养家糊口的手艺传授给我呢？

当时正值大生产时期，我们不但要在工厂里当学徒，还要支农搞生产。为了学好木工，我的十个手指都受过伤。功夫不负有心人，在学徒考核的时候，我独立制作了六件农具，一举通过考核，成为正式的木工师傅。

在我成为木工师傅的时候，宝安木器农具也迎来最光辉的时刻。松岗农具厂成为中国第二轻工业工厂，工厂规模由原来的几间瓦房，发展到五层的工业厂房，面积有几千平方米，木器生产则按照季节安排，春耕、夏种、秋收、冬藏，当时农业需要什么农具，我们就生产什么农具。

传统农具蕴含智慧 手传口授发扬光大

松岗木器制作有着200多年的历史，包括运输工具、灌溉设施、各类农具、生活木具等。

每一件农具都代表了农耕的一个时代，如果要展开来讲，可能三天三夜都讲不完。比如说春耕主要生产犁耙，夏种则生产水车用于抗旱，秋收要做打谷机、禾机，冬藏则专注制作木桶等贮藏器具。

我制作过100多种农具。比如木犁——它是我国历史最悠久的犁田农具，主要用于翻耕农地。木伐则是清代至改革开放前农村家家必备的工具，用于将稻谷脱壳为大米，也可舂粉。没有农药除虫的年代，我们生产制作除虫梳，农民使用这种工具，"梳"出秧苗害虫，这是减少虫害最便捷的方法。还有我们小时候常常见到的风柜，是最好的稻谷分类工具，制作时一般设置为三挡，可将收割的稻谷按质量等级分为三类。后来的现代化农具，不少是参考和借鉴了传统农具的原理和功能，用更先进的技术使其实现了自动化。

传统的农具制作技艺种类多，工序复杂细致，手工制作的时间长，全靠手工刀锯、破削和刨、雕刻、装配、上彩。手工制作难以实现大批量生产，特别是木雕部件、手绘花纹图案、制品的边缘修饰等，都有它的秘诀和独特技艺，手传口授的民间手工艺特点浓厚。我自学成才，想将我的技艺更好地传承和发扬。于是在1974—1978年间，我利用工作抽调的便利，到松岗各村维修农具，培养了一批本土农具维修木匠，发动大家一起传播农耕文明。在当时，我可以说是整个宝安最年轻的木匠师傅，我带出来的徒弟也多，一村一个，有20多个。

改革春风拂南粤　农具生产日渐稀

在木器制作的铿锵声中，在各式木料气味的包裹之中，我们迎来了深圳改革开放的大潮。

1978年，改革春风拂南粤，珠三角大批农民"洗脚上岸"，民营企业涌现，"广东粮、珠江水、岭南衣、粤家电"销往全国。深圳迎来了大范围的"农转非"，当时的口号是"洗脚上岸，三来一补"，什么意思呢？就是要将深圳大量的农民"转"为工人，

在宝安松岗街道非遗农具展示厅展出的农具（受访者供图）

农民都没有了，农具厂自然就歇业了。

改革开放的时候，我才 35 岁，面临这样的历史变革，当时是十分迷茫的。生活何去何从？前途何去何从？工厂里还有大量和我一样 30 多岁不到退休年龄、不能安置的年轻工人，以及临近退休还无法退休的老匠人。单靠卖木材、做手工，肯定是养不活这么多人的。

"三来一补"的好政策，吸引香港人来合资办工厂，领导找到我，希望我去当厂长。当时有朋友下海做生意，收益十分不错，想叫我一起干。我听闻留在工厂工资不高，自然不太愿意。在领导的软磨硬泡下，我答应借调半年去当时的东松电子厂，月薪为 125 元。没想到这一干就是 8 年。在我任东松电子厂厂长期间，传统木器农具，甚至木制材料的使用都在逐渐减少，金属和塑料制品逐渐代替了木制品。

1984 年，深圳全面停止制作传统手工农具，这意味着木器农具的生产遭受了毁灭性的打击。可是，我仍然心系做了大半辈子的传统农具。当时我觉得，木器农具不再批量生产了，便会渐渐成为珍贵之物。当时没有考虑清楚的是保存问题，我利用家里的空间收集木器农具，可因为南方潮湿，这些农具闲置过久且未能得到妥善保管，受到白蚁侵蚀，不少精美的农具经不起时间的考验，最后损坏，非常可惜。

盼望更多力量加入　更好保护传承非遗

改革开放是一件大好事，我们老百姓必须适应变化。艺术是相通的，不能做农具，我开启了艺术的另一种表达——练字学画。回想起我小时候常常捉鱼捉虾，我对虾的感情也有独特的表达。我看齐白石画的虾，开始临摹。没有老师指导，我就跑到罗湖的书店买一大堆大师作品回来自学。家里废旧的木板、报纸、日历都被我拿来练书法，干净一点的纸张就拿来作画。日积月累，我不但学会了楷书、行书，还练习草书、篆书。绘画方面，也形成了自成风格的墨虾及山水花鸟画。在传承非遗木器农具制作技艺时，我也会在模型制作上添上我特有的中国画元素。

我现在是区级第三批"非遗"项目（木器农具制作技艺）唯一代表性传承人。唯一的意思就是只有我一个人在做木器农具制作技艺传承，我都快 80 岁了，可以想象这多么艰难。

农具在我国几千年的农业文化中有着极其深远的意义，我们老宝安还是产粮区，曾是岭南鱼米之乡。时代发展了，农耕时代结束了，难道农耕文化就要消失吗？太可惜了！我一直致力于传统农具的保护，松岗街道也热心帮助我，在300平方米的松岗非遗农具展示厅内，展览我制作或收藏的100余件农具，但这还远远不够，我还有许多农具和农具模型堆在家中。

我曾到广州的省级生活博物馆去参观，农具方面的展品只有5件，分别是犁、磨子、水桶、耙子、风柜。由此可见，我这里保存的农具不仅仅是深圳，甚至可能是广东省最全的。

松岗街道开设的非遗农具展示厅是深圳市唯一一家专业性农具博物馆。街道办工作人员还安排专人负责调查、收集木器农具的传统制作工序、制作图纸，通过文字、影像全面记录原材料选择、制作工具使用方法及工艺流程，听说还制定了五年保护计划。但我觉得，非遗农具这项技艺仅仅靠街道层面的保护还远远不够，我想呼吁政府和社会一同出力，予以保护、传承。

我之所以坚持做非遗农具展示和推广，除了自己的情感因素外，还在于我希望年轻人不要忘记脚下土地上曾经辉煌的农耕文化。因为你们的祖辈，曾经靠这些农具将生命延续，将文化传承。希望趁着我还干得动，政府能牵头设立专门的课题研究项目，我着手绘图，制作传统农具模型，把技艺保留下来。农耕文化的回忆，也许能带给后世一些精神力量。保护和传承农耕文化，这就是我老年生活最大的愿望！

采访手记

倾情守护农具　工匠精神闪光

　　文叔年轻的时候很"靓仔"，岁月流逝，越发儒雅。但文叔的手，确实是"怪骨嶙峋"：有的手指骨节异常大，没有一根笔直而修长。这是一双木匠手艺人长年累月劳作且经历过无数伤痛的手。

　　文叔是深圳历经苦难的一代人，也是见证深圳改天换地的一代人。文叔一辈子制作木器农具，对这些东西熟悉又喜爱。前几年身体硬朗时，他还在为一些居民修补农具，并收购闲置不用的木器农具。文叔对自己生活、工作的这片土地有着深厚的感情。曾有台湾老板愿意出高价买文叔的农具精品，亲自登门拜访多次，都被婉拒了。因为文叔担心宝安产的农具远赴他乡，宝安、深圳的农耕文化就失去了实物见证。

　　穷则独善其身，文叔在贫困潦倒时用辛勤劳动撑起自己的小家；达则兼济天下，在学成技艺后，他一村又一村地教徒弟修补农具。改革开放后，文叔更是致力于非遗农具的传承，不忘初心，不忘根本。他不受物质的诱惑，在不同时代都能无比专注自己的手艺，凝神沉静、内心富足，这就是我们常说的工匠精神吧。

我的家乡
在茅洲河边

──────────── 人物简介 ────────────

洪惠全,1950 年 10 月出生于宝安县原松岗街道洪桥头村。曾就读松岗农业中学,于 1969 年入伍,成为一名中国人民解放军战士,曾参与修建京原铁路工程,1973 年复员返乡参与农业建设。1976 年加入中国共产党。1977 年担任松岗大队宣传支委,驻点洪桥头村。分别在 1979 年至1983 年,1994 年至 2005 年间担任洪桥头村党支部书记。

口述时间： 2023 年 7 月 14 日

口述地点： 宝安区燕罗街道洪桥头社区居委会

采　　写： 张萍

摄　　影： 傅葩

洪惠全：我的家乡在
茅洲河边

一到河边就能闻到水的香味

我的家乡洪桥头村的历史可以追溯至南宋末年。村子背靠一座飞鹅山，河流绕村而走，是一块宝地。村子的故事有很多，但绕不开的仍然是茅洲河。

茅洲河发源于阳台山北麓，自东南向西北流经石岩、公明、光明农场、松岗和沙井等区镇，然后在沙井民主村入珠江口伶仃洋，干流长46公里。茅洲河是深圳第一大河，也是我们的"母亲河"。

自洪氏族人在南宋末年迁徙至此，就和这条河结下了不解之缘。其实以前茅洲河在洪桥头一带不叫茅洲河，而是叫洋涌河。过洋涌河必须从我们这里过渡口，以前渡口河面水很宽，村里也有码头。那时候水流很急，轮船甚至会开到我们村前的码头上卸货，运的有大米、煤炭，还有柴火。1938年，宝太路（宝安至东莞太平的公路，今为107国道的一个路段）经过我们这里，便在洋涌河上架起木桥，车辆、行人都可以从桥上经过，因为村子就在桥头边，所以得名洪桥头村。

后来，这座木桥被日本人炸毁了。日本人在我们村后的飞鹅山上修建了一个碉堡，并驻扎了一个班的日本士兵。一旦看到有部队从那座桥上经过，他们就开始炮击，最终木桥被炸毁了。日本兵为了修建碉堡，拆除了村里的祠堂，并将砖块运到飞鹅山上。因此，现在我们也很难找到族谱，它们当时都被烧毁了。

当时的河道也不像现在这么直，而是绕着我们这个村弯弯曲曲地流过来。小时候一到河边，就能闻到水的香味，那种乡土味好香，喝几口河水一点事都没有。我还不到一年级就去河里面学游泳了。我们那时候常常泡在水里面，大家普遍水性都很好，100多米的河，随便谁都可以游过去。

赛龙舟是每年都有的。以前我们这里划龙舟是常态，每年五月初五赛完龙舟后把龙舟埋在鱼塘下面，来年四月初八把它浮上来清洗干净，然后用油漆刷好晒一下。

我们是鱼米之乡，那个时候到处都是鱼虾。以前没有那么多吃的，你想吃肉需要肉票，每天还要到买肉的地方去排队。在河里面打捞上来的鱼，就是我们每天吃饭的菜。平时没事做完工还没吃饭，我们就去摸鱼摸虾，回来做点菜煲点汤，鱼肉都是天然很香的味道。还有在我们这种咸淡水交界的地方才会有的禾虫，每年种稻时节，春天农历四月到五月初，还有八月十五到九月这段时间就出来了。

手提肩挑两年把河道拉直拓宽

以前下雨的时候，我们整个村都容易被淹。

茅洲河上游地形多属丘陵地，植被曾被破坏，水土流失较为严重，中下游河床因此逐年淤积，河道弯曲浅窄，加上受海潮顶托，行洪不畅，江海堤围单薄、低矮，每遇台风暴雨，泛滥成灾。深圳经济特区40多年的发展历程中，地方政府曾多次对茅洲河进行综合治理。

1967年到1968年，我们附近公社的几千名社员手提肩挑，用了两年时间把河道拉直，提高了行洪能力，拉直以后就开始叫

1970 年部队留影（左为洪惠全，受访者供图）

茅洲河。

那段时期很艰苦，早上 5 点多要出去，每天都有任务，超额完成可以获得更多的工分。我们那时候都很年轻，每天可以得 8 个工分，有些力气大的劳力可以得 10 个工分。我们都是人工把淤泥挑上来，大家排着队，一个接一个传到岸上去。还有带着小孩的，就在那里搭一个棚，把孩子放在里面。像楼村的人，他们住得远，都是带上干粮走路来的，在这里安营扎寨。

夏天下雨干不了，我们要等到秋天和冬天，连着干几个月，一直干到过年再回去。过完年马上又开始，到三四月份开始种田了，再回去种田，就这样干了两年。

虽然工作很累，但是大家都想完成任务，精神状态很好。能遏制困扰多年的洪涝水患，对沿岸居民是件好事。干活的时候我们每天都是统一做饭的，每个生产队有粮食，当时生产队还养了好多鸭

2005年洪桥头社区的遥感地图，茅洲河的水和旁边的鱼塘水的颜色不一样（受访者供图）

子，偶尔杀鸭子加菜，每人一块鸭肉，放在一盘饭里，一个礼拜能吃一次就很好了，很开心。如果没有鸭子，就只能吃青菜了。

河道拉直以后变得更加宽阔，从107国道桥一直到洪桥头那个位置，大概一公里长的距离，宽度是120米左右。

1969年我去北京当兵，当时整个宝安县出去296位铁道兵战士，我是其中一个。当兵第一年，一个月津贴费6块钱，我一分钱都没花，72块钱全部寄回家。现在想起来我都觉得奇怪，为什么当时一分钱都舍不得花？没办法，那时候家乡太穷了。我当了4年多的兵，年年都评上"五好"战士，还得了几个嘉奖。

1973年我复员回来，那时候宝安县又开展茅洲河整治，打算把一些弯道尽量疏通拉直，也搞了几年。跟前些年人海战术不一样，当时是用挖泥船把泥巴吸上来，用的人就很少了。

我把村里的田都耕了个遍

退伍返乡以后，队里买了一台新的手扶拖拉机，让我去学驾驶拖拉机，我成为第一个拿到驾照的手扶拖拉机手，村里1080亩田都耕了个遍。1974年粮食增长是最厉害的，我们村收了22万斤谷子。

村里不到700人，每天的工作分配是根据工分制来计算的，每个工分值1毛5分，比起其他村子算高了。当时贵的香烟有4毛5分的恒大和5毛5分的上海中华，广州的丰收是2毛8分，干一天活挣的钱也就够买几包2毛8分的烟。这是一段艰苦的时期，大家辛勤地工作，却很难赚到钱。

1976年我被派去做群众思想工作，给大家讲课，慢慢地就被培养为大队宣传支委，驻点洪桥头。后来村里成立党支部，我成为村党支部书记。以前我们村近700人，到1979年有一半去了香港。田里成熟的稻子没人收，很多都倒伏了，我跟村长两个人就拼命地骑着单车到东莞，请外面的人帮我们收稻子。

到了1980年，有港商过来租我们的田，把成片成片的田开挖成鱼塘进行人工养殖。那时候茅洲河的水质还不错，我们还可以冲凉。但是随着茅洲河流域大力开展工业化和城镇化建设，20世纪80年代后期到90年代，茅洲河两岸掀起了投资建厂热潮。农田和鱼塘变成一幢幢工业厂房，港商、台商过来投资建厂，带来的项目什么都有，有重金属的、有做鞋的。因为早期环保意识不强，工业污水直排，加上人口聚集，搞得到处都是垃圾，到处都是污水。

那时候还没到河边就闻到一股臭味。谁还敢扒龙舟呢？回到家里冲完凉，一个礼拜身上都是泥点，扒龙舟也就停止了。

家乡的母亲河又变清了

20世纪80年代改革开放，大家纷纷下海，我也跑去自己做生意。当时镇政府把我调到工商部门当采购员，在这个职位上，我干了八九年。后来，我又自己创业，开了修理厂和公司等，最终赚到第一桶金。在深圳，你有了第一桶金就可以赚到第二桶金。

1994年村里成立股份合作公司，要发展集体经济，当时重新组建了党支部，我再一次成为支部书记，那时候我手头已经有290多万元。

当时做书记的时候我们没有向银行借钱，但是这么多工厂该怎么发展起来呢？我想出一个办法，就是向村民号召，让大家把闲钱拿出来投资。比如打算盖一栋200万元的工厂，每人出资1000元，想办法凑够200万元去招标建厂，把厂房出租，每半年

2012 年的茅洲河（受访者供图）

分一次红，一年分两次。

当时我们从别的地方引进来第一家工厂，但是没有人敢投资，所以我带头投资了 5 万元，还有几位老村长也各自出资 5 万元。看到我们都敢投资，其他人也就跟着投资了。我们一共投资了 30 多万元，后来建了两栋厂房，一直分红分到现在。后来都是按照这样的模式运作。通过招商引资，开办工业园区，出租物业，洪桥头村走向了城市化之路，有了可观的经济收益。

但是在工业经济飞速发展的同时，茅洲河也越来越黑臭。河道成了垃圾堆，好的企业也不敢来了。

虽然这期间茅洲河也有陆陆续续地进行治理，但是主要是修建一些截污设施，多种点草，但这些远远赶不上经济高速发展带

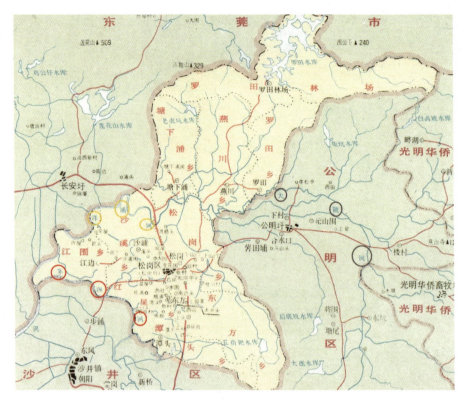

茅洲河旧图（受访者供图）

来的污染物排放速度，也没能从源头上找到污染的原因，没有采取更加彻底的措施来治理，污水还是从水闸流到河里去。我们希望茅洲河能变好，但是治理难度很大。

治理茅洲河前赴后继，却屡战屡败。党的十八大把生态文明建设纳入"五位一体"总体布局，要求把生态文明建设放在突出地位。在这样的背景下，茅洲河的治理又开启了新的一页。2015年，深圳、东莞共同启动了茅洲河界河综合整治工程。2016年深圳市开展治水提质攻坚战，提出治水提质工作计划和时间表，争取到2017年底前，茅洲河消除黑臭。政府下这么大力气来治理，让我们看到了希望和曙光。

这次治理是通过引进大型央企，实行全流域统筹治理、大兵团联合作战，投资力度也很大。而且也不再是单个项目作战，而是干流支流、岸上岸下、源头末端系统考虑、一体治理。就像当年几千名村民那样以"敢教日月换新天"的昂扬斗志，将河道拉直拓宽减轻水患，如今的茅洲河治理仍然是那样一幅奋斗场景，高峰期每天有上万人日夜奋战在攻坚一线。时代发展了，技术设备提升了，但精气神从来没有变，大家都在为了守护这个美丽的家园而奋斗。

特别是雨污分流改造，以前污水流到河里去，一到下雨，河里面的淤泥就起泡，再赶上内涝，马路上都是污水，很黑很臭。那时候一下大雨，我就赶紧跑到马路上去看，水淹到哪个位置，哪些车淹了，要叫治安队通知人家拖车。现在从源头上把雨水、污水彻底分流，污水就排不到河里面去了，马路也没有被淹过了。

茅洲河治理摸索出的新方案和新经验，创下了"用4年努力，偿还40年生态欠账"的世间奇迹，把不可能变成了可能。现在茅洲河水质越来越好，原来黑臭的沼泽地建起了燕罗湿地公园，河水清澈见底，还能看到鱼儿游动。有时候到河边走一走，看岸边种了很多花花草草，感觉像个花园一样，我们的母亲河又重现了生机。

茅洲河"由污变清"以来，大家保护家园环境的意识逐渐增强。谁敢偷排污水，我们都来监督，社区党委书记来做河段长，哪一个闸口有污水出来马上上报整治，现在大家都不偷排了。

总体来说，现在比过去好多了，家庭和睦，有房住，有钱用，有红分，还有其他的收入。耳边又传来了扒龙舟的口号声和划桨声，茅洲河又变回童年时的样子，又可以在岸边吹风散步、到河里摸鱼捉虾了。我们这一代人能看到家乡这条河水又清了，有鱼在游，已经心满意足了。

茅洲河畔的家园记忆

静静流淌的茅洲河，哺育了多少一河两岸的子子孙孙。

听着洪惠全老人的讲述，就像展开这条母亲河的记忆画卷，他还是那么硬朗，退伍老兵的风采至今都没有褪色。

儿时的茅洲河是洪惠全最美好的记忆，他怀念儿时河边的乡土味，感激母亲河给予的丰厚馈赠，在那个物资匮乏的年代，河里的鱼虾能让村民们吃顿美餐。他怀念那个热火朝天的年代的青春热血，肩挑手提把一条河道拉直拓宽，他也是第一批敢于下海的人，感恩现在能过上这样的好日子。

茅洲河见证了深圳数十年的快速发展，也承受了经济发展带来的沉痛代价。随着沿线工业经济越发红火，这条洪惠全记忆中带着清香味的母亲河，成为一道城市的"伤疤"而黑臭无比。当深圳治水提质攻坚战打响，这里也是茅洲河全流域治理中难度最大、体量最大的片区之一。

而如今的茅洲河畔，水清岸绿产业兴。上游河畔800多米的"弯月形"河滩，经生态修复保护后，被打造成滨河湿地公园——燕罗湿地。一幅白鹭翩跹、草长莺飞的生态画卷，不仅引来众多鸟类栖息，而且是市民游玩休闲的网红打卡地，吸引了不少优质企业进驻。绿水青山就是金山银山！

从小在茅洲河边长大的洪桥头社区党委书记洪伟江，这一代人也跟他们的父辈一样，无数次行走在茅洲河畔。在洪伟江的办公室，挂着洪桥头村的卫星遥感影像图，一眼就能看到宽阔流淌的茅洲河。这个土生土长的大学生毕业后回到家乡，像洪惠全当年一样回到茅洲河边，热情洋溢地讲述着茅洲河的故事。一代又一代的洪桥头人，都深深眷恋着这条母亲河。

万家灯火，潮起潮落，奔流不息的茅洲河，承载着这片土地的集体记忆，继续奔流在新时代的征程上。

修新沙路用的泥沙都是
我们骑单车拉的

人物简介

冯苏，1927 年 7 月出生于广东顺德，7 岁来到沙井，曾任新桥搬运站副站长、沙井宾馆副经理，1993 年退休。

口述时间： 2023 年 8 月 7 日

口述地点： 新桥街道清平古墟桥头南路 7 号

采　　写： 张小葵　潘惠茹

摄　　影： 张彩玲

我出生于战乱年代，在炮火中求生存，那个年代，仅仅是活着就已经很幸福，不敢有更多奢望。如果没有中国共产党，我不可能活到今天，更不敢想能住上大屋，过上温饱安全的日子，我觉得好知足。

新中国成立前，沙井桥头墟（编者注：现新桥清平古墟）无日安宁，日本人走了伪军来，伪军走了土匪恶霸来。自从中国共产党来了，天下就太平了。新中国成立之后，我分得了田地，因为不懂耕田，我又把田地归还国家，我也不后悔自己的选择。

顶着炮火饿着肚子逃难到桥头墟

我出生于 1927 年，家乡在广东顺德。我记忆中，大约是 7 岁那年，我的家乡顺德到处战火，一片狼藉，村里的人不是被日本人打死就是饿死，流离失所。

我父母在我 7 岁那年先后饿死，叔叔也饿死了。我们顺德的房子被日本人烧光。我有一个姐姐、一个妹妹。由于家里没有能力养，妹妹只好送人；姐姐则嫁到新桥。没有了父母，也没有了家，姐姐是我唯一可投靠的亲人，于是我就跟着同村人一起逃难，走路来到新桥的桥头墟来寻我姐姐。因为当时我姐姐刚嫁到新桥几个月，同村正好有人要去桥头做买卖，于是就一路带着我走到桥头来。

我还记得，当时我先从顺德走到广州，又从广州走到东莞太平，走了两天两夜，从太平又走了两天才走到新桥。一路上看到都是逃难的人，从四面八方涌过来，大家一听到头上有飞机飞过的声音，马上就抱头找禾苗树林躲，生怕被炸死在路上。那时候，就算不被炸死也可能饿死，路上好几天都没有找到吃的，大家一直饿着肚子赶路。

在桥头墟上逐家铺打杂工挣食长大

走了四五天，我们终于走到新桥，见到桥头墟是一条很繁荣的街。墟市每天早上七八点就有人担货来卖，公明、松岗、石岩、沙井、福永的人听说桥头墟旺，都来这里投墟（编者注：到集市上摆摊），买货的人、卖货的人，什么样的人都有。做生意就是这样，哪里旺市就到哪里投墟。

桥头墟只有一条街市，街上有米机厂、米铺、文纺铺（编者注：专卖嫁妆的商店，有布匹、被单、首饰、藤箱等嫁女物品）。桥头墟还有渡头，有船只来往，有专门装货到东莞太平和广州的船。

我住在姐姐家，最初在文纺铺帮忙洗碗、拖地，打杂工，那个时候能够有地方挣两餐饭，有米下肚就已经很好了。文纺铺主要是卖布的，生意一般般。后来，日本人和伪军轮番过来，这里也就不得安宁了。

我在文纺铺干了差不多两年，地方恶霸来打桥头，抢光了文纺铺的布，老板就关铺。没活干，我只好回姐姐家，姐姐也困难，没能力多养我一个人。没多久，姐姐家旁边开了间烧鹅店，我就到烧鹅店当店小二，给客人捧烧鹅饭，擦桌子洗碗。那个年代，只要有工做有饭吃，能养活自己就已经很万幸。

冯苏讲述的有关沙井地区工人用单车运粮的旧照（何煌友摄）

烧鹅店的老板是新桥本地人，他的儿子是当时的新桥小学校长。那时我将近 10 岁，老板每天给我两餐饭食，我自己能挣食，这样姐姐就不用负担我。

后来，香港好多难民回乡，老板有生意头脑，做好钵仔饭担到路上摆卖，卖给沿路逃难的香港难民。我最远去到黄田的公路边摆卖钵仔饭，几分钱一钵青菜和白饭，一天能卖几十钵，早上出门，晚上卖完回来。

在烧鹅店干了几年，我又到米铺当杂工。我打工的这家米铺是桥头石灿培开的，我在铺里卖米、磨米、磨谷，收拾店铺。经常从米铺搬米到米机厂碾米，米辗好之后再搬回来。有一次米太重，我扛不住，整包米从肩头滑下来，正好压到米机厂的一个女人，吓得我半死。如果压坏了人家，都不知该怎么赔偿好。

干了两三年，沙井伪军陈培从高岗打过来。那天，天还没亮，好多人蒙着棉被逃难，一个大炮打下来，落在街口处，我亲眼看见，那一炮打死了5个人。当时我就走在前头，回头看到5个人血淋淋地倒下，我吓得两腿发抖不敢走，只好回去躲在柴房，用几捆柴掩藏自己，等伪军散了才敢出来。那次真的危险，可以说我从鬼门关走了一回。

伪军把米铺打散了，我又一次失业。好在桥头店铺多，一家倒了一家起，我就逐家去打工。

后来我到"合安盏"做伙头。"合安盏"是榨油卖油的杂货铺，我在店里早上负责开门、煲茶、打扫卫生、洗碗。那时我14岁左右，住在铺里，一天两餐，一年一套衣服。

"合安盏"生意还是不错的，有几条油榨机，专门榨花生油，老板向农民收购花生后过机榨油卖。

不到三年时间，我又到一家曾姓人开的米铺磨谷碾米。米铺共有3个工人，一个管家，一个女孩，一个我。伪军三番四次来桥头墟"搵食"（搵食，粤语，原意是打工挣食，下同。此处意为伪军来搜刮好处），我们跟着老板白天走到公明田寮，晚上又偷偷回来米铺守门，那段日子都是在夜里关门碾米卖，各间店铺白天都是关门人走空，晚上才敢回来，做生意也不敢打开门。

在桥头墟铺上打工最长久的一家铺是瑞丰米铺，几个新桥人合伙开的，只有我一个工人磨谷、车（碾）米，早上请上寮村的人担米提谷走路到西乡卖，我也跟着去，麻包袋一包装110斤到120斤。

担米到西乡要很早起床，凌晨 3 点就要出发，卖完要赶回来开铺。有次卖完米回来走到黄田，被恶霸从山头跑下来持枪打劫，他们想抢米抢钱，我们拼命跑，躲过一回。有一回我和上寮人早上出门到白石厦时，遇到两个恶霸带着十几个人来抢米抢钱，我说米不是我们的，我只是帮老板担米卖，你抢了我们的米，我们没法向老板交代，我和上寮人拿扁担打恶霸，打不过他们，米和钱都被抢走了。

晚上我们回到新桥大庙看戏，正好看到那几个抢米抢钱的土匪，老板趁着土匪看戏没在意，找人把他们抓住。

我在瑞丰米铺打工时已有十五六岁，老板给我的工钱是一个月 50 斤谷，后来升到 60 斤。老板还升我当米铺管家，米铺还有个新桥本地人当掌柜。我和他打理米铺，他负责收钱，我负责干活。

退还田地转做搬运工人养活一家人

瑞丰米铺老板很信任我们，平时很少在铺里，都交由我们打理。一直干到解放，一起担米的上寮人帮我介绍了对象，老婆是塘尾人，我们结婚成家后，在桥头墟租铺自己开米铺。我们到米机厂碾米后担到沙井卖，一斤米一角左右，挣的钱只够我们两夫妻吃两餐，没有钱剩。

土改后，新桥在桥边给我们分了三四亩咸田，我们两夫妇都不会耕田，请人耕了一阵子后，就把田地还给了新桥，不要田地，我们夫妻转工人户口。

我去墟上搬运站当工人，搬沙搬谷下船，船到货来帮忙卸货，用车拉沙，谷就靠双肩扛。后来我挣到钱，买了台单车也到新桥客运站载客拉人，客运站也属搬运站管。

我在搬运站一年左右当了副站长。1958年成立人民公社，松岗、福永、沙井3个地方的搬运站合起来，总部设在松岗，各分站有负责人。我继续当副站长，管几个地方的业务，要排工、分工、组织开会。业务来时要及时分派出去，一般都是单车载客、车货、搬运。

后来，搬运站工人要自带单车加入，平均工资每月30元到40元。我当行政的，和普通工人一样拿30元工资，平时同样要踩车拉货载人。15元拿回家养活妻儿，15元自己使用，其中八九元伙食，3元买毛巾牙刷。

搬运站日常业务不多，除了日常载客，搬运也分季节，比如秋收后农民上缴公余粮，搬运站帮粮所搬米搬谷。供销社送货到各生产队，我们经常晚上送货。

修新沙路时，从新桥到沙井整条公路的泥沙都是我们新桥搬运站负责搬运的。那时还是人工骑单车拉泥沙，并不是货车运载。现在，一辆泥头车运载量比我们整个队伍用单车拉3天还要多。

最困难是大锅饭、大炼钢时期，大家把米拿出来集中在桥头墟煮吃，才吃了几天粮仓就吃光了。一家大小没米吃，到处找食，后来只能吃糠饼。

新桥有家米机厂，没米剩糠，糠本来是喂猪的，那个时期人没饭吃，和猪一样吃糠。

修水库时期，我们搬运站帮生产队送工具、送粮食去水库，先后修建深圳水库、石岩水库、七沥水库、罗田水库、福永水库，我们逐个送。有米就送米，无米就只能送糠饼，没办法，修水库体力消耗大，吃过糠饼的人才知道糠饼好干，很难咽下去。

我们只要接到业务，三更半夜都要骑着单车出门，不管是车粮食、车工具都要出发，日晒雨淋，挨更抵夜。搬运站工作虽然辛苦，但是多劳多得，基本工资固定，三更半夜出门干的收入自己拿，不用交回站里。

我踩车最远是到深圳镇，一次收五六元，都是三更半夜出门的。当时的刘斌书记常去县委开会，三更半夜打电话到搬运站，都是我踩车送他去开会。刘斌书记不管去哪里，多远路都喜欢叫我送，他说我不怕苦，实在。（备注：1950年4月，宝安县整编为一、二、三、四4个区，各区成立党委。沙井属四区——上南区管辖。1955年秋季，四区党委按地名改称上南区党委。刘斌于1957年春至1958年2月任职上南区党委书记。1958年3月，撤上南区设立沙井乡，刘斌任职沙井乡党委书记。）

1972年，沙井成立二轻管理站，搬运站属二轻下属单位。1977年6月，二轻、建筑、搬运等集体企业划归公社管理，属社办企业。

搬运站划归社办企业前，时任沙井镇经济发展总公司副经理的江造问我要不要到县运输局，县运输局有指标抽人出去，好多人都想去。市运输局领导也下来两三次要人，但我自己没文化不敢去。我没读过书，只在扫盲班上夜校认过几个字，后来靠自学多读书报认字，没有上过正规学校。江造说你既然不去，就在社办好好干。1978 年底，社办调我去当厂长。

为接待投资港商参与筹备建设沙井宾馆

改革开放后，因为招商引资，从香港回来投资的港商多，就要有间像样的宾馆接待港商。那时整个沙井只有一间大茶楼，规模小，只是做日常早午晚饭餐供应。农工商联合公司领导大胆创新，计划成立一间高档的沙井宾馆。沙井人向来做事作风都是敢作敢为。有了计划很快就成立筹备组，江造抽我回来参加沙井宾馆筹备工作。

沙井宾馆就在沙井大街上，地是公司的，从香港请建筑工人装修师傅来施工。筹备组专门到广州人民大厦、南方大厦、东方宾馆参观。沙井宾馆请了第一批 90 多个年轻服务员，又带她们到广州去学习，还从广州请回大厨，专门做粤菜和港式点心。

1984 年，沙井宾馆开业。开业当天，广州人民大厦、南方大厦、东方宾馆的负责人都过来，敲锣打鼓，鞭炮齐鸣，场面搞得很隆重。

沙井宾馆成立初期的经理是陈东成，后来由樊建平接任，我当副经理。

沙井宾馆成立最初主要是服务港商，后来沙井本地人生活条件得到改善，本地人也成了沙井宾馆的消费主体。结婚摆酒、入伙点灯、摆大寿都上沙井宾馆，平时假日，农民洗脚上田也来喝早茶。

后来，广州有一家啤酒厂又把啤酒放在沙井宾馆代销，这个

1984 年，沙井宾馆开业（潘惠茹供图）

业务很挣钱，福永、松岗、西乡都来沙井宾馆买啤酒。业务做开了，连南头的一些酒楼开业也到我们这里提啤酒，还叫我们帮忙请师傅。

沙井宾馆的月饼做得好。每年中秋，机关单位、各大队、厂商都来沙井宾馆订月饼，很多人吃过也是赞不绝口。

沙井宾馆起初生意很好，年年挣钱，业绩好时一年挣 100 多万元也有过。我从 1985 年当沙井宾馆副经理，1993 年退休。我离开后，沙井宾馆改承包，好多原因导致最后亏损停业，确实是很可惜，但当年的沙井宾馆确实是沙井经济发展的一个创举。

共产党带领我过上今天的幸福生活

我是 1950 年结婚的，我们没要田地改吃居民粮食。1951 年，老婆生了大女儿后也到搬运站当搬运工兼煮饭。我们有 4 个女儿、2 个儿子，老婆怀着最小的女儿也去担谷，女儿早产后夭折，老婆一直生病，没法干活，在家中休息。

我一个人挣 8 个人食，因为自己没读过书，拼命也要供孩子读书。大的两个女儿小学毕业遇着"上山下乡"政策，到新桥 6 队大庙当知青，当了三四年知青后，一个分配去医院，一个分去竹器厂。

1972 年，老婆走了。第 3 个儿子刚上高中，因为母亲过世伤心得读不下去。退休后，我经常到老干中心和退休职工干部聊天，老婆走了十几年，孩子都大了，我才再娶，找个伴。

以前的区领导曾汉良也是桥头墟人，他一直关心支持家乡建设。曾汉良出钱出力，从区到镇到村三级单位跑，发动桥头墟居民一起齐心协力把桥头墟搞好，桥头墟有几百年历史，文物古迹多，虽然不能重现昔日辉煌，但作为这里的居民，我们有义务把桥头墟搞好。

我们加固修葺永兴桥护栏，做好永兴桥周边绿化，建了石垒，并把清平墟有历史价值的古建筑向上级申请作为历史文物古迹单位保护，这样防止日后有人乱拆建破坏。

我还帮忙到现场监工。经过几番修葺的清平墟如今是宝安难得的一处有人文历史、有自然风景的好地方。

我7岁来到桥头墟，今年（编者注：2023年）96岁，在桥头墟居住了89年，可以说是见证了桥头墟的盛衰。

我很感谢中国共产党。我们这一代人，如果没有共产党就活不到今天，不被打死也早饿死，哪能有今天住大屋衣食无忧的安稳日子。

筚路蓝缕开创历史　埋头苦干谋求发展

　　从战火纷飞中出逃，是为了活命；逐家铺打工挣两餐食，也是为了活命，从冯苏的口述里，我们深刻感受到：旧社会的穷苦老百姓，单单是活下来就已经很不容易，更不能想象会有今天这样的美好生活。好日子是在坚忍不拔的勤劳吃苦中过出来的，也是在穷则思变的开拓创新中走向更好的。从炮火连天的岁月中走来，冯苏老人的一生起于磨难和艰辛，如今退休在家，颐养天年，是对他一生辛劳勤奋的最好回报。

　　冯苏的一生，正是千万宝安人民从艰苦年代一路走来，筚路蓝缕开创历史、埋头苦干谋求发展的缩影。

风光嫁女"三转一响"
修理单车攒钱盖房

人物简介

黄泰昌，1949 年出生于宝安西乡沙头坊，20 世纪六七十年代在集体单位从事自行车维修工作，退休后义务担任王大中丞祠管理员。黄泰昌是土生土长的西乡人，宝安就是他的家乡，他以普通人的视角见证了宝安城市发展的沧桑巨变，表达着自己对这座城市的热爱。

口述时间：2023 年 6 月 5 日

口述地点：深圳市宝安区西乡街道王大中丞祠

采　　写：刘杰

摄　　影：柯振涛

黄泰昌：风光嫁女
"三转一响" 修理单
车攒钱盖房

我今年 74 岁，在宝安西乡生活了几十年，一路见证了这里翻天覆地的变化，对这里的一切都充满感情。如今，走在西乡老街，看到西乡的点滴变化，内心的自豪感油然而生。

真理街曾是西乡的行政、经济、文化中心

我是宝安西乡人，祖上迁徙到这里，应该已有十几代。我出生在河西村沙头坊，我想父亲给我取黄泰昌这个名字，也是希望生活过得安泰，子孙昌盛。

改革开放前，河西村沙头坊还是比较落后的地方，整条街都是一层楼的瓦房，没有楼房，街道非常窄，只有 4 米宽，路都是用碎石头铺成的，走起路来发出"嘎吱嘎吱"的声音。

小时候我们最喜欢去的地方就是真理街，离我们家不远，真理街是西乡最古老的一条街，也是最开始兴旺的一条街。改革开放不久，一些香港人回宝安投资，第一站就选择在真理街建楼房做商铺，慢慢地，真理街就成为当时西乡唯一一条两边都是商铺的街道，商铺前门开门卖东西，叫卖声不绝；

黄泰昌年轻时照片（受访者供图）

黄泰昌夫妇合影
（受访者供图）

后门直通西乡河，大家在小河边浣洗衣裳。

大约在20世纪90年代，政府牵头把真理街的平房改成了5至6层的楼房，街道也得以修葺，变得平整了，店铺的生意越来越好，熟食店、杂货店、服装店、打铁铺、布店、酒楼食肆乃至珠宝金店等，琳琅满目，应有尽有，十里八乡的人都来真理街买东西，真理街被誉为"小东门"，也是许多在外游子回西乡时的必去之地。

不仅如此，西乡公社办公场所最早是在北帝古庙，后来搬到南城桥附近，但都在真理街附近，因此，真理街那时候是西乡的行政、经济、文化中心。

为什么还是文化中心呢？一是因为真理街附近有许多历史古建筑，比如，王大中丞祠、北帝古庙、郑氏宗祠等等，都会聚在这里。北帝古庙更是有近500年历史，曾受到冷落，屡遭破坏，直到1992年冬，西乡本地居民和海外侨胞、香港同胞纷纷提议恢复北帝庙原貌，重燃北帝庙香火。

另一原因就是真理街还是西乡曾经重要的娱乐场所。那个年代物资匮乏，娱乐活动不能和现在相比，最多就是下棋、打球、游泳等等，但要说人们最喜欢的娱乐方式还是看露天电影，当时不光电视频道少，电视机也是大富之家才有。当时西乡露天电影播放的场所就在北帝古庙前面的广场上，一块白布一拉就表示要放映电影了，我们就拿着板凳在广场等待，有不少人专程从西乡其他地方过来看，非常热闹。我印象最深刻的电影就是《铁道游击队》。

改革开放后，电视机慢慢多了起来，很多都是从香港进口，大概10英寸，黑白屏幕的，看电视就是自己架天线，每一个楼顶都插一根天线。

生活方面，大家都比较简朴，很多家庭一家人住在一间40多平方米的瓦房里，而房子大部分都是新中国成立前祖宗留下来的，居住条件比较差，有的甚至没有窗户，只有天井。衣服花样很少，颜色以蓝、黑、灰为主，没有裙子、花衣服，西装更是没有。成年人一年就一张布证，只能做一套新衣服，"新三年旧三年，缝缝补补又三年"就是这么来的。

那时候国家实行的是计划经济，整条街所有商品都是由集体单位出售，每家都有一个粮本，而且买什么东西都要票，买米就用粮票，买猪肉、买盐、买糖都得要票。

大家工资也都不高，比较平均，当时工资一般就10多块，多的有二三十块，最高40多块，大家心态比较平和，邻里之间也十分友好，真的是路不拾遗、夜不闭户。

修单车也算是手艺人，老手艺人到哪里都吃香

因为家庭负担重，我初中毕业就没有再读书了，差不多13岁就出来工作，那时候都是组织统一分配工作。当时就叫我去五金厂修理单车，五金厂里其实有很多工种，比如酿酒的、做建筑的、烧砖瓦的、做裁缝的，但偏偏叫我去修单车，这也开启了我的修车生涯。

一开始，我就是跟着师傅做学徒，一点一点学。那个年代，单车几乎是唯一的代步工具，也是很重要的生产工具，可以驮粮食、木材等等，九围、黄田村的人经常用特制的自行车，就是在自行车上的"28"杠上再多安装一根管子，驮着400多斤的谷物到粮管所，真的好辛苦。

刚开始学的时候，我从结构、配件入手，慢慢了解一辆单车的所有构成，跟着师傅后面递维修工具，仔细观察师傅的维修过程，有时候满手都是链条上黑黑的污垢。

现在我还记得，我刚开始上手修车的时候，遇到补胎的自行车，需要用螺丝刀插入车圈和轮胎之间的缝隙，沿着车圈慢慢撬

黄泰昌与家人在巡抚塘前合影（受访者供图）

出外胎胎边，这个环节需要注意力量和方向，不能对车圈和内胎造成伤害，但那时候我手上的劲不够大，有时候没注意力量控制，不小心就把内胎又多戳破一个洞。那时候我才 13 岁，大家都理解，道歉后，他们也没有过多责怪我。

我记得早期的自行车很多都是进口的，后来，国产自行车质量越来越好，而且价格还低，比如，永久牌、飞鸽牌，后来有红棉牌、五羊牌，老百姓最认可的还是凤凰牌。自行车在当时可是紧俏货，一辆就要 100 多块，差不多是普通人三四个月的工资，而且产品数量有限，还是凭票供应，所以大家都说："我骑的不是自行车，是荣誉啊。"

那时候结婚嫁女，风光一点的，要选"三转一响"。"三转"

是指自行车、手表、缝纫机，"一响"是指一部收录机。这样女儿嫁出去，到了夫家才脸上有光，心里有底。

我一直认为，劳动是一件特别光荣的事。修单车，也算是手艺人，手艺人很受尊重，修伞匠、水泥匠等老手艺人到哪里都吃香。我的工作单位当时就在真理街上，100多平方米。打铁的、修表的，都在一起，分隔开来，一个行当一个铺位，很热闹。

我做学徒的时候，工资就10多块钱，等做了师傅，有30多块钱，大家就叫我黄师傅了。单位是集体的，每个人像一颗螺丝一样，拧在哪里就在哪里出力，我这一辈子就是修单车。

改革开放初期，单位改制，我还是负责修单车，不过有点个体户的意思了，单位只收管理费，剩下的就是自己的。我当时不仅要修自行车，还要组装自行车。自行车都是一整箱一整箱从广州、上海运过来，里面都是一条条钢丝、一个个螺丝，我们就一个个组装，生意好的时候常常需要加班，因为后来实行的是按件计费、多劳多得，所以那时候我们干劲十足，工作积极性都被调动起来，就算加班辛苦点也很开心。

那时候街上小汽车很少，清一色是自行车，所以我们生意还是很好的，最多的时候，我一个月可以赚到100多块了，那几年我攒下一些钱，让我能建房子，这在改革开放前是想都不敢想的。后来，到了快退休的年纪，社会面貌大变，生意越来越少，想转行也转不了了。

改革开放的成就大家有目共睹，人民富起来了，摩托车、小汽车多了起来，现在小汽车成了主要的交通工具。我以为自行车会成"老古董"，没想到，共享单车这个新兴事物，又把单车带回到人们的日常生活中来，我对这个还挺好奇，看到年轻人在街上骑单车，好像又回到了那个激情燃烧的岁月。

王大中丞祠经历了岁月的洗礼和变迁，承载的精神始终没有改变

后来，我负责看护王大中丞祠，常常伴随着清晨的第一缕阳光，推开王大中丞祠漆黑厚重的木门，抬头看看梁柱间精美的雕花图案，扑面而来的是一股浩然正气。

浇花、扫地、搬出一把椅子，泡上一壶茶，我开始一天的工作。我今年已经 74 岁了，按照年龄，早已退休，这份"看门人"的工作，其实并没有太多工作的成分，更多的是我的一份热爱。

从小就听我的父辈们说，王来任是正黄旗汉军，清康熙四年（1665 年）任广东巡抚。据记载，当时实行禁海政策，广东沿海百姓流离失所，民不聊生。王来任目睹沿海边民深受迁徙之苦，多次以死谏君，写下《展界复乡疏》，建议"将原迁之界悉弛其禁，招徕迁民，复业耕种与前晒盐斤"。朝廷纳谏，下诏"令稍展界"。正是他的努力，"展界复乡"得以完成，宝安、东莞成为最先复界的区域。迁民回归，家园得以重建。然而那年秋天，王来任操劳过度逝世。

西乡百姓感恩为民好官，自发捐款修建了这座祠堂。"为民官，为民仆，鞠躬尽瘁；分国喜，分国忧，沥胆披肝"的对联就是西乡民众对这个为民好官的最高评价。在西乡老街，人人都知道这座祠堂，只是我们都习惯叫"巡抚庙"。我从小就在王大中

黄泰昌的幸福生活（受访者供图）

丞祠边上玩，对这座"大房子"的感情很深，王来任清廉刚正、勤政为民的形象一直在我们心中。

王大中丞祠是典型的岭南建筑风格，三开间三进，檐柱、过梁等构件用麻石做成，上有石雕，檐板雕刻花鸟草木、人物故事，屋脊用灰塑。祠前有一口大鱼塘，由于西乡人都习惯叫王大中丞祠为"巡抚庙"，鱼塘自然也随着被叫成"巡抚塘"，那时水清可鉴，游鱼如织，风吹来，波光粼粼，人们坐在塘边的树下休息，劳动的疲倦渐渐就散了。

新中国成立初期，王大中丞祠曾被当作土改工作队的办公室、临时学校、幼儿园，甚至是粮店和粮食仓库来使用，现在，王大中丞祠不再是"养在深闺人不识"，前来参观的人越来越多。认识我的人，都亲切地叫我一声黄叔，我也很乐意，感觉自己做了一点点有意义的事。

为了让这座300多年的古建筑"活"起来，建立起与群众共生共长的关系，西乡街道对王大中丞祠进行保护利用，对周边的建筑进行修葺翻新。如今，王大中丞祠被赋予了新的内涵，成为王大中丞纪念中心、西乡感恩文化教育基地和西乡勤政为民教育基地。

我是亲历者，目睹这座建筑的重生，经历了岁月的洗礼和变迁，承载的精神始终没有改变。我很荣幸，到了古稀之年，成为这座建筑的守护者，哪怕只是一个"看门人"，我看到越来越多的年轻人愿意走进来，了解这段历史，并且从这段历史中有所感悟，我觉得很有意义。

2018年，西乡北帝"三月三"庙会期间，根据王来任历史故事创作的《抚民留善政》情景剧在祠堂连演几天，引起强烈反响，我也看得津津有味，感觉就像是看一部电视剧一样过瘾，虽然只有短短的十几分钟，但那些历史人物活灵活现的仿佛就在你眼前。与时俱进，用年轻人喜欢的方式讲故事，让老的东西焕发新的活力，让更多人铭记这段历史，真是让我大开眼界。

现在的宝安、西乡变化很大，文化越来越繁荣，这几年，西乡北帝"三月三"庙会一年比一年隆重，就是西乡繁荣发展的一大见证。我相信，未来，宝安西乡会越来越美好，群众生活也会越来越幸福。这也是我最大的心愿。

会发光的平凡人

每次采访"发光"的平凡人，都能感受最真实的感动和力量。

对黄泰昌的采访，也不例外。

黄泰昌语言质朴，感情真挚，他如数家珍般地对我们说着宝安西乡老街曾经的故事，说着自己生活的平凡故事。

透过他的讲述，我们了解了曾经的西乡人是如何生活的，尽管过去许久，那些记忆依然清晰，那些细节依然动人，从用票证购买物资，到露天电影受热捧，无一不是那个时代背景下人们生活的真实写照。那时人们质朴简单、内心纯净、充满希望，那些远去的场景至今令人怀念，我深深地被这种感情所感动，也真切地感受到老西乡人对生活的热爱与追求。

回顾过往，是为了更好地前行。正如黄泰昌所说：我把这些零散的、无序的历史与感情进行讲述，也会让更多人了解宝安的历史和人们的感情，让后人不要忘记，有一段不可磨灭的历史，有一群深爱着它的人们，有一些或精彩或平凡的故事。

如今的西乡、宝安已经发生沧桑巨变，成为现代化的大都市，但在这片土地上生成的特区精神至今熠熠生辉，这也将是世世代代宝安儿女永恒的精神家园，值得我们在这片充满希望的土地上追梦，创造出一个新的天地。

麦 成

参与解放宝安县
喜见特区大发展

———— 人物简介 ————

麦成，1931年6月出生于广东顺德，因为战乱被辗转卖至宝安县公明镇。1949年5月参加粤赣湘边纵队，参加过解放深圳（宝安县）的6次战斗，历任战士、中队长，1954年6月入党。1953年至1977年分别在宝安县公明面粉厂、公明农机站任厂长、站长；1977年4月任宝安县建设局驻深圳房管所所长，直至1991年7月18日退休。

口述时间：2023 年 6 月 5 日

口述地点：罗湖区洪湖一街农机大院 5 栋 302

采　　写：何柳

摄　　影：邢峻豪

麦成：参与解放宝安
县　喜见特区大发展

我不是宝安本地人，但是从我7岁被卖到宝安的养母家中以后，我的人生记忆才真正开始。如今92岁了，我一直没有长期离开过宝安。我想，宝安就是我的家乡。

我亲历了解放宝安县的6次战役，和战友们为宝安这片土地流血流汗。转业复员后，我在宝安工作，见证了农业、工业的跨越式发展，享受到了改革开放给我和我的家人带来的幸福生活。我为自己是解放宝安县、推动深圳发展的一分子感到高兴和骄傲。作为历史的见证者，我无比赞同那句话：没有共产党就没有新中国。

战火纷飞岁月　毅然加入革命队伍

我出生在20世纪30年代，那时候战火频频，岭南百姓啼饥号寒、颠沛流离。7岁的时候，因为家中困苦，我的父亲以35元的价格将我从顺德卖到了宝安。养母家中也并不富裕，没有钱给我读书，我还需要负责给家里赚钱。那时候，养母早上让我去拾柴火，晚上让我去抓鱼。我还当"放牛仔"，挣钱贴补家用，一直干到15岁。

1945年，经过14年浴血奋战，中国终于赢得抗日战争的胜利。抗战时期，中国共产党在惠东宝地区建立东江纵队，并建立了阳台山、大岭山等抗日根据地和港九地区抗日游击队，成为华南地区抗战的中流砥柱。

《双十协定》签订后，1946年6月30日，东江纵队主力部队的2583人，在大鹏湾沙鱼涌登上3艘美国登陆舰，撤往山东

麦成收集的新闻剪报，该新闻报道了他参与解放深圳的历史（受访者供图）

解放区。后来，惠东宝地区党组织和人民武装转入地下。国民党军队占据了惠东宝地区，并疯狂逮捕、杀害东纵复员战士、党员以及进步群众等。1946年底，广东区委决定恢复武装斗争。1947年初，惠东宝人民护乡团成立，重新树起人民武装斗争旗帜。

1949年1月1日，在东江纵队主力北撤后留下的武装小分队及复员人员的基础上发展起来的中国人民解放军粤赣湘边纵队正式宣告成立。当时塘尾一个名叫曾德的地下党员，给我们这些"放牛仔"做思想工作。我听说有希望吃饱饭，立马就加入了革命队伍。

当时我加入的部队番号为粤赣湘边纵队东江第一支队第三团金虎队，我的军旅生涯从此开启。

参与解放宝安县　六次战役浴血奋战

1949 年，随着三大战役和渡江战役的结束，中华人民共和国成立。在这段历史背景下的宝安有着不寻常的故事。

解放广东之役开始前，大片乡村已解放，国民党仍然盘踞深圳镇与南头的宝安县城等少数重要地区，而港英当局则通过控制九龙海关影响着西起大铲岛、东到三门岛的大片地区。

宝安县当时并不是国共主力交战的"前线"和战略要地，国民党军只有"保安司令部"下辖的一个保安师和一些地方警察等，仅能固守沿海沙井、西乡、南头县城和深圳镇等几个据点。

1949 年 8 月下旬，中共宝安县委和县人民政府正式成立，黄永光任县委书记兼县长。宝安县一带解放工作准备就绪，我们金虎队就是解放宝安县的主力部队。

1949 年 5 月 13 日，我加入粤赣湘边纵队东江第一支队第三团金虎队。记得这天，曾德带我和梁炳，上午从家乡公明长圳步行到福永岭下。当时，金虎队到达岭下时，已是下午 4 点多钟。正准备开饭，突然有了敌情，国民党军队打过来了。为了保存力量，我们不跟敌人正面接触，只好饭没有吃就全部撤走了。这是我第一次打仗，心里有些紧张，大约脸上的神色不太好看，连队的老兵对我说："不要怕，跟着我走。"

渐渐地，夜幕已经到来，我们走到天黑，走的是山间小路，很不好走，在老同志一路关心帮助下，我慢慢克服了走夜路的困难。晚上 12 点，终于到达黄麻布村，避开了敌人。

当时，我们金虎队活动的地方主要是公明、乌石岩、龙华、观澜等地。我记得，有一次在西乡打仗，4点多开始行军，走到西乡的黄麻布就到晚上12点了。国民党军队从南头过来想包围我们，我们有两个同志受伤。一路走走停停，第三次交锋的时候，国民党的兵以为我们是民兵。

"你们民兵有什么了不起的？还是投降吧！"国民党军队在山那头叫嚣。

我们的队长何志清和指导员何强架起两挺机枪，一起打向敌人。

"原来金虎队在这里，快撤！"国民党军队看到我们的枪法和阵仗，就撤回观澜去了。

第四次打仗，我的印象最深刻。那是1949年8月12日，我们接到群众线报，在观澜黎光村有一个国民党的排。金虎队安排了一支队伍去执行任务，我也在其中。我们装好地雷，国民党的官兵大摇大摆地过来了，以为我们没有实力。在队长带领下，我们一进村就包围了他们，15分钟就完成缴枪。

为了解放宝安县，从1949年5月到10月，我六次在宝安浴血奋战，从战士干到了中队长。

1949年10月13日，宝安县委书记、县长黄永光等率领东江第一支队金虎队和由龙华、民治、沙河、石岩、固戍等地武工队组成的新编民兵连，包围沙井乡，沙井解放！

1949年10月15日，粤赣湘边纵队一支队三团开赴西乡，接受了国民党县警察第二大队李振昌等230余人的投诚。西乡宣布解放！1949年10月16日清晨，在南头古城顺利接管国民党县政府机关和军警队伍后，宝安县解放。宝安自此翻开崭新一页，迎来新生。

回到宝安搞建设　为"三来一补"提供发展空间

后来，金虎队改为公安连，我又迎来了新的工作——去训练全公社的民兵队长和民兵。

1953年11月我在广州石牌复员（转业），当时的工作方向有惠阳的供销社、粮油厂等，但我内心最想去的还是宝安。因为宝安是我革命生涯开始的地方，家人（老婆和四个儿女）都在宝安等我，我想回去建设宝安。

在我的强烈申请下，经过组织协调，我回到了公明。1964年至1977年，我分别在宝安县公明面粉厂任厂长、公明将石大队任大队干部、公明农机站任站长。我从一名解放军战士，成为新中国的基层干部，参与到宝安的大生产工作中。

1960年左右，圩镇公产房管理权下放各公社，1964年5月成立深圳等6个财管所，兼公产房管理和房租征收，1974年成立县房地产管理所，由县财政局管辖。1976年1月，归县基建局管理。1977年4月1日，我正式调任宝安县建设局驻深圳房管所所长。

当时的县建设局下设房管、政工、施工管理、城建股及设计室和县自来水公司、园林管理处、深圳公共汽车公司、县建筑公司及各公社工程队。

为适应生产的发展和人民生活的需要，国家投资兴建大量的房屋，这些房屋成了公产房的主要部分。1950—1958年，宝安县新建各类房屋8.531万平方米。此后，经济发展虽然遭受不少挫折，房屋的建造量仍有所增加。党的十一届三中全会以后，房

屋建设大幅度增加，竣工面积从 1978 年的 57751 平方米上升到 1987 年的 293040 平方米。

　　1978 年至 1979 年，随着建筑材料不断涨价，房屋维修费用大幅增加，很多房屋无法进行正常的维修保养，公房失修严重。危、烂、残、漏房屋不断增加。为了摆脱这种被动局面，房管部门采取多种方法：经县人民政府批准，提高非住宅用房的租金标准；把处于商业中心的住房改为商业用房；由租住单位拆建，补回原有房屋面积；在房管部门内部实行经济责任制，提高房屋出租率和租金收取率；采取自筹资金与借贷相结合，独资与联营相结合，残旧房屋改建与租借厂房相结合的办法，办起多家工厂。

　　就这样，调动了当时村民和政府房屋建设的积极性，工厂大量与私人住户签约租楼或者买楼，这也为后来宝安县引进"三来一补"企业提供了大量的产业发展空间。

喜见特区大发展　发挥余热激励年轻人奋进

1980年8月26日，全国人大常委会批准在深圳设置经济特区。我当时在公明，所以印象不深刻，只知道新闻和广播一直在播这个事情，大街小巷很热闹，"关内"的深圳在搞庆祝活动。直到后来1991年我退休，想一想之前的工作生涯，才意识到那一天对于我的家乡来说意义非凡。

如今的深圳已经发生了翻天覆地的变化。原来穷山恶水，要靠背着枪杆子才能保护家乡；现在我家周围都是高楼大厦，飞机在天上飞，汽车在路上跑，城市里人山人海，一片繁华。我的内心是十分欣喜的。

回想当初我当"放牛仔"的时候，地下党员曾德说，参加革命"能吃饱饭，生活很好"，我觉得他说得很对，我毅然加入革命队伍的决定也很正确。共产主义成为我一生的信仰，我始终坚信，跟着党走、不懈奋斗，就能过上幸福的生活。

在中华人民共和国成立70周年之际，我收到了两枚勋章，一枚是"庆祝中华人民共和国成立70周年纪念章"，另一枚是"光荣在党50年"纪念章。戴着这两枚新的勋章，我坚持按期过组织生活，也时常给年轻党员讲党课。

我讲的党课没有什么高深的文化内涵，主要是我的人生经历。我想把亲历的故事传播出去，让他们知道我们这一辈人曾经

麦成的勋章

干过什么，以前的生活是什么样的。其实总结起来就是一句很简单的话：没有共产党就没有新中国。

如果你问我为什么当兵，我想说，一是为了穷人解放；二是要跟共产党走，过上好日子，不要再被人欺负。现在祖国强大了，我的愿望也实现了，能看到你们这些后生仔（年轻人）这样有朝气、有活力，我觉得祖国的未来有希望，国家富强、民族复兴指日可待。

传承红色基因　厚植家国情怀

坐在这位 92 岁、身上挂满勋章的老战士对面，我心中的敬仰、激动之情与想听故事的好奇掺杂在一起。1991 年是我出生之年，而这一年正好是麦老退休之年，询问、聆听、记录他的经历，对我来说就是在翻阅一部"活着的历史书"。

青年有理想，国家有希望。麦老的经历证实了这句话。他是解放宝安的小战士，也是宝安党史、深圳改革开放史的见证者、亲历者。正因为他和战友们曾经扛枪走过宝安县的山间夜路，如今，我和同事们才能在地铁口迎接照亮车水马龙的朝阳；正因为他毅然投身城市建设，成为改革开放浪潮中的拓荒牛，才有了我如今生活的滨海城区里的一步一景。

与麦老对话，更像是一种传承。关于解放战争对敌的那段经历，麦老总是笑着讲述，轻松地说着敌人在对面喊话的轻蔑和金虎队智取巧夺的一次次胜利。时隔 70 多年，那些曾和他并肩作战以及在战斗中牺牲的战友，姓甚名谁、家乡在哪，他都说得清清楚楚。生长在和平年代的我们，要铭记和感恩他们做出的贡献，要把他们的故事传播出去，把他们的精神传承下去。